多元融合：
高中英语教学方法与课堂教学探究

王　媛◎著

中国商业出版社

图书在版编目（CIP）数据

多元融合 ： 高中英语教学方法与课堂教学探究 / 王媛著. -- 北京 ： 中国商业出版社，2025. 7. -- ISBN 978-7-5208-3503-9

Ⅰ. G633.412

中国国家版本馆 CIP 数据核字第 20255CN351 号

责任编辑：王　彦

中国商业出版社出版发行

（www.zgsycb.com　100053　北京广安门内报国寺 1 号）

总编室：010-63180647　编辑室：010-63033100

发行部：010-83120835 / 8286

新华书店经销

廊坊市博林印务有限公司印刷

*

710 毫米 ×1000 毫米　16 开　12.5 印张　211 千字

2025 年 7 月第 1 版　2025 年 7 月第 1 次印刷

定价：75.00 元

* * * *

（如有印装质量问题可更换）

前言

在全球化和信息化的时代背景下，英语作为国际通用语言，其教学地位日益凸显。高中阶段作为学生语言能力发展的关键时期，英语教学不仅承担着语言知识传授的任务，更肩负着培养跨文化交际能力、批判性思维和自主学习能力等多重使命。然而，当前高中英语教学仍面临诸多挑战与困境。一方面，传统以教师为中心的教学模式仍占据主导地位，学生的主体地位未能得到充分体现，导致学生课堂参与度不高，学习效果参差不齐；另一方面，随着教育改革的不断深入，新课程标准、核心素养等理念的提出，对高中英语教学提出了更高要求，如何在教学实践中有效落实这些理念，成为亟待解决的问题。此外，数字化技术的飞速发展，为英语教学带来了前所未有的机遇，但如何将数字技术与英语教学深度融合，创新教学方法，提高教学效率，也是当前英语教育领域研究的热点。在此背景下，探索多元融合的高中英语教学方法与课堂教学模式，对于提高英语教学质量、促进学生全面发展具有重要意义。

本书深入剖析高中英语教学的多维面向，从理论体系到实践应用，全面覆盖了教学方法的创新与课堂教学的优化。第一章聚焦于高中英语教学的理论根基，通过英语教学理论与学科分析，明确了教学理念原则、主要目标及关键问题，为后续探讨奠定了坚实的理论基础。第二章介绍高中英语个性化、生活化、游戏化、小组合作及互动探究式等多种教学方法，展现了教学方法的多样性与创新性。第三章从多元视角出发，探讨了课程改革、核心素养、大单元教学及积极心理学背景下的高中英语教学方法，拓宽了教学视野，促进了教学方法的与时俱进。第四章转向课堂教学体系架构，深入分析教学观、学习观、基本理念、目标任务及有效性管理，为构建高效课堂提供了理论指导。第五章进一步细化到教学内容与组织构建，涵盖了听说读写课型的教学策略、备课授课辅导流程，以及数字技术在课堂教学中的应用，体现了教学内容的丰富性与教学组织的科学性。第六章聚焦于教学评价的创新实践，从评价特点、功能原则、方法反思到重要维度及创新视角，全方位探讨了教学评价的改革路径，为提高教学质量提供了有力支持。

本书的出版，不仅是对当前高中英语教学方法与课堂教学研究成果的一次系统总结，更是对未来英语教学改革方向的一次积极探索。通过本书的阅读，教师能够全面了解高中英语教学的理论体系、教学方法、多元视野以及课堂教学体系架构等方面的内容，掌握多种有效的教学策略，提升自身的教学能力与专业素养。同时，本书所提出的教学评价创新视角，也为教学质量的提高提供了新的思路与方法。随着教育改革的不断深入和技术的持续进步，高中英语教学将迎来更加广阔的发展空间，笔者期待更多的教育工作者能够加入这一研究领域中来，共同探索多元融合的高中英语教学方法与课堂教学模式，为培养具有国际视野、跨文化交际能力和创新精神的英语人才贡献力量。

目录

第一章　高中英语教学的理论体系

高中英语教学，作为奠定语言基础、培养跨文化交际能力的关键阶段，不仅承担着语言知识传授的重任，更肩负着培养思维能力、塑造国际素养、激发创新精神的使命。本章系统剖析高中英语教学的理论基石与学科特性，阐述教学理念与原则的指引作用，明确教学目标的层次与方向，并深入探讨教学过程中的核心问题与应对策略。

第一节　英语教学理论与学科分析

一、英语教学的理论支撑

（一）发生认识论

发生认识论由日内瓦学派的主要创始人之一皮亚杰（J.Piaget）提出，该理论基于对儿童心理的深入研究，并融合了其他学科的研究成果。皮亚杰的理论主要通过历史的结合，探讨社会的形成过程，以及认识论的依据。他将发生性作为理论的核心，研究内容广泛，涵盖了人类智力、思维和心理等多个层面。此外，皮亚杰还关注人类智慧的起源与发展，以及思维形成和演进过程中所受的制约因素。他致力于探究思维结构的构建及其产生的机制，这些均构成了其研究的主要方向。

（二）语言学理论

诺姆·乔姆斯基提出了转换生成语法理论，明确指出该理论关注的是语言能力，而非语言的实际应用。他主张，生成语法理论的宗旨在于构建一套语法框架，以助于人们辨识正确的语法结构，并提供相应的评价标准。其理论核心在于，语法应具备生成该语言所有可能句子的能力。乔姆斯基强调，语言能力反映了个体对特定语言掌握的程度，而语言应用则体现了在实际交流中的运用技巧。通常情况下，语言能力与语言应用之间并不存在直接的关联，因此两者之间亦无直接的反映关系。乔姆斯基认为，尽管索绪尔的语言理论与他关于语言能力与应用的观点有共通之处，但索绪尔的理论涵盖范围更为广泛，而他本人则专注于对两者关系的研究。乔姆斯基特别强调语言能力的创造性本质，并认为这种能力的展现是一个动态的过程。

（三）第二语言习得理论

第二语言指的是除母语之外的另一种语言。在第二语言习得理论领域，学者克拉申区分了“习得”与“学习”这两个概念。所谓“习得”，是指学习者在与外界互动的过程中，无意识地吸收语言，并能在无意识的状态下正确、流畅地运用该语言。相对地，“学习”则是指有意识地研究语言，并以逻辑思维的方式去理解语言的过程。克拉申提出，通过“习得”方式掌握第二语言的人，能够自如地使用该语言进行沟通；而通过“学习”方式掌握第二语言的人，则仅限于运用语言规则进行基础的语言监控。因此，在第二语言的学习过程中，“习得”显得尤为重要。此外，只有当语言学习者接触到可理解的语言输入，并且能够将注意力集中在对意义或信息的理解而非形式的理解上时，语言习得才会发生。克拉申认为，理想的输入应当满足四个条件：可理解性；趣味性且相关性；语法结构的合理安排；足够的数量和范围。

由此可见，足够多的语言输入和正确的语言输入方式是促进学习者语言输出和学好外语的重要条件。当学习者学习新的语言知识时，会在已有语言水平的基础上理解新知识的意义与内容，即可理解性输入，促进其有效接收，达到提高语言技能和语言素养的目的。课件既能提高语言输入的趣味性，又能拓宽知识面，因此，教师在英语课件设计中可以充分利用课件为学生提供大量的、可理解的、有趣的，又与学习内容相关联的材料。如通过视觉、听觉等感官来感知英语，让学生在各种情境中不知不觉将所见所闻的外语信息储存进大脑，从而实现语言习得，具体如下：

第一，习得—学习基本假设。从语言应用方面来看，习得与学习不能混为一谈，它们对学习者而言，有不同的作用。首先，习得知识，是学习者通过对语言理解和表达来掌握知识和能力；其次，学习知识，是大脑对知识的填充，并用来分析说话时语言是否正确，判断其话语的含义，目的在于获得并积累语言知识和规则。

第二，监控假设理论。鉴于语言习得与语言学习之间存在本质差异。语言习得涉及在无意识状态下进行表达，从而体现个人的能力水平。相对而言，语言学习则涉及主动运用个人的主观能动性，有意识地积累语言知识，并在实际应用中进行监控与编辑。监控功能的实施，既可以在言语表达或书写之前，也可以在其之后。监控假设与这两者紧密相关，能够揭示它们之间的内在联系。

第三，输出假设理论。对于第二语言的习得，学者们各自有着不同的观点。克拉申将合理的语言输入作为语言习得的重要因素，并指出在语言习得中起到关键作用的是语言输出，且提出他在加拿大的“浸泡式”的实验依据。实验主要是将第二语言当成别的学科工具，语言获得就是伴随产品。另外，将学生处于某种语言环境中，采取浸泡式的学习方式，这时，他们并没有掌握该语言的使用能力，因此克拉申将这一现象归结为，语言输出的能力不足所造成的，但是斯温纳并不认同，认为造成这种现象的原因有诸多因素，而语言输出，仅仅体现出习得的语言上的个人能力问题。

二、英语教学的学科分析

（一）心理学

1950 年，以华生（J.B.Watson）和斯金纳（B.F.Skinner）为代表，在全美国掀起一股研究心理学的热潮，自此，行为主义心理学诞生。行为主义心理中的行为是指人们在所处环境的刺激作用下的反应。其中，可以把环境当成刺激，在此条件下，行为人的行为是反应的体现，这种反应是后天环境所塑造的，这个理论在后来取得了重要的作用，最著名的就是巴甫洛夫提出的条件反射理论，还有随后斯金纳创造的操作条件反射，对人类的发展起到极大的作用。

在 1950 年至 1960 年，美国经历了一场对人本主义心理学的广泛学习热潮。该运动以亚伯拉罕·马斯洛（A.Maslow）和卡尔·罗杰斯（C.R.Rodgers）为主要代表人物。人本主义心理学主要由思维与情感两大方面构成，学习活动亦基于此框架展开。在学习过程中，个体大脑产生认知，即思维开始运作，同时，心理活动产生，伴随着情感的涌现。人本主义心理学对此现象的解释是，思维作为认知因素，情感作为情意因素，两者同时产生并相互作用，相互影响。因此，仅凭认知或情感进行学习是不足够的，这一认识对美国教育的未来发展产生了深远的影响，并为其指明了明确的方向。教育应当重视教学过程和方法，而非仅仅关注教学成果和内容。其核心在于帮助学生在学习过程中，通过理性的思维认知和情感交流（包括师生情谊和朋友之情）来促进学习，这是学习过程的核心，也是教育的根本目的。

人本主义理论强调学习者在学习过程中的主体地位，提倡以学生为主，以教师为辅的教学模式。该理论认为学习是个人自发的行为，学习的本质应从人的自我实现和个人意义的角度进行阐释。学习本质上是个人在学习过程中获取知识，并通过这些知识影响自身，从而实现个人的塑造、提升和发展。人本主义学习理论提出了十条学习原则，具体如下：①人类天生具有好奇心，人自出生起便拥有学习的潜能；②使学习对学生产生意义的关键在于将学习内容与学生个人目标相结合；③不应轻易质疑学生的学习态度和信念，以免引发学生的抵触情绪；④等级评分制度易导致歧视和嘲笑，只有在完全放松、相互支持和鼓励的氛围中，学生才能积极地学习；⑤为学生创造一个安全而非挫败感的学习环境，有助于他们全身心投入学习，集中注意力，取得进步；⑥学习的最大价值在于共同参与和实践，而非单向地听讲；⑦培养学生的责任感至关重要，这将促使他们对自身有所要求，从而有益于学习；⑧最深刻的学习往往源于内心的强烈渴望，只有当学生自愿时，才能实现；⑨避免对学生进行随意评判，因为只有学生自己才有权评判自己，这样学生才能独立自主地学习，保持学习的热情；⑩学习知识不应被视为固定不变的公式，而应是一个积极的实践过程，一个开放的学习环境，是知识内化于心的过程。

人本主义理论，将学习的过程视为情感与认知的交流与融合，以此作为人类学习的目的所在。人类学习中，情感和认知缺一不可，并且不能单一而论。一个完整的学习过程，就是紧密地围绕教育者与学生彼此的精神交流的过程，教师不能向学生灌输式地传授知识，也不能将教学分成阶段性的课程次序，要努力培养学生的自学能力，并且将自我学习能力不断进行巩固提升。因此，教学的重点，在于让学生共同参与的学习过程，而不是采取教师单方面进行知识灌输的方式。

（二）比较语言学

比较语言学诞生于欧洲，兴起于18世纪中后期，所以又被人称为历史比较语言学，它研究的目标是欧洲的各类语言系统，主要工作分两个方面：第一，对各类语言进行比较，目的在于获取它们的共同母语，确定亲缘关系，以便于发挥语言教学的作用。具体分为两个步骤：①对语言产生的历史，语言发展的阶段进行对比；②分析语音和词汇以及语法的不同点或者关联性。第二，寻找语言发展的原因，分析语言历史上语言的变化阶段，尤其是对语言有重大影响的阶段等。

（三）社会语言学

社会语言学是人类社会交际功能的必然体现。其研究主要有两个方面：首先，语言具有的人际交往的社会本质；其次，不同种语言中存在的差别。研究者在探寻的过程中认为，学习母语，其本质就是社会化的体现，交际能力因此被研究者海姆斯提出，交际能力即社会化交往所需要的能力，其中包括了语言的能力。

第二节　高中英语教学的理念原则

一、高中英语教学的理念

《高中新课程英语教学指导意见》作为我国高中英语教育的纲领性文件，为英语教师提供了明确的教学方向和指导原则。在这一背景下，高中英语教学理念亟须革新，以适应新时代教育发展的需求。

（一）面向全体学生

普通高中教育作为大众基础教育的核心阶段，其英语教学肩负着为全体学生终身发展奠基的重要使命。这一理念强调英语教学不应仅关注少数精英学生，而应面向全体，确保每个学生都能在英语学习中获得成长与进步。

1. 尊重差异，挖掘潜能

学生之间存在显著的个体差异，包括学习能力、兴趣爱好、性格特点等。英语教学应充分认识到这些差异，并采取差异化教学策略，以满足不同学生的学习需求。通过分层教学、小组合作等方式，教师可以更好地关注每个学生的成长，挖掘其潜在能力，促进其全面发展。

2. 关注品质，培养素养

英语教学不仅要关注学生的语言知识掌握情况，更应注重其多方面品质的培养。这包括培养学生的批判性思维、创新能力、跨文化交际能力等。通过多样化的教学活动，如角色扮演、辩论赛、文化体验等，教师可以引导学生积极参与，提升其综合素质，为其终身发展奠定坚实基础。

（二）重视基础学习

英语作为一门语言学科，其基础学习至关重要。帮助学生打好语言基础，具备基本英语素养，是英语教学的首要任务。同时，英语教学还应顺应时代、个人和社会发展的需求，成为人文教育的重要组成部分。

1. 夯实语言基础，提升综合素养

语言基础是英语学习的基石，包括词汇、语法、听力、口语、阅读、写作等方面。教师应通过系统的教学设计，帮助学生逐步掌握这些基础知识，并提升其综合运用能力。同时，注重培养学生的语言感知能力、理解能力和表达能力，使其能够在实际交流中准确、流畅地运用英语。

2. 融入人文教育，培养全球视野

英语教学不应局限于语言知识的传授，更应融入人文教育元素，培养学生的全球视野和跨文化意识。通过介绍英语国家的文化、历史、社会习俗等，教师可以引导学生了解不同文化背景下的价值观和行为方式，增强其跨文化交际能力。同时，鼓励学生参与国际交流活动，亲身体验不同文化的魅力，拓宽其国际视野。

（三）完善学习方式

优化学习方式是提高英语教学效率的关键。自主学习能力的提升是形成有效学习策略的过程，对于学生的终身学习具有重要意义。

1. 培养自主学习能力，形成有效学习策略

自主学习能力是学生终身学习的基石。教师应通过引导学生制订学习计划、监控学习过程、评估学习效果等方式，培养其自主学习能力。同时，鼓励学生探索适合自己的学习方法，形成有效的学习策略，提高其学习效率。

2. 突破传统局限，发挥学生主动性

传统教学方式往往以教师为中心，学生处于被动接受知识的状态。这种方式难以发挥学生的主动性和创造性，限制了其学习潜力的挖掘。因此，教师应积极尝试新的教学方法和手段，如项目式学习、翻转课堂等，以激发学生的学习兴趣和主动性。通过引导学生参与课堂讨论、小组合作等活动，教师可以更好地发挥学生的主体作用，促进其深度学习。

3. 利用现代技术，拓展学习资源

随着信息技术的飞速发展，英语教学迎来了前所未有的机遇。教师应充分利用现代技术手段，如在线课程、学习平台、虚拟实验室等，为学生提供丰富多样的学习资源。同时，引导学生利用这些资源进行自主学习和探究，培养其信息素养和数字化学习能力。

二、高中英语教学的原则

（一）灵活性原则

在高中英语教学、学习和使用方面做到灵活，才能真正激发学生的学习兴趣。一方面是语言自身性质的要求，因为语言作为日常生活中不可分割的一部分，本身就是开放的、发展的、灵活的；另一方面，这也是学生实际特点的要求。老师要灵活地根据实际情况采用各种方法教英语，让学生学习和使用英语，英语教学才能活泼有趣。

第一，教学手段的灵活性。首先，英语教学方法和派别有很多，各有长处也各有局限性。教师对于视听法、语法翻译法和交际法等英语教学方法，要看到它们各自的优势，兼容并蓄，而不能因为某种方法当下更流行就只遵循一种方法。其次，英语教学既要教授语言知识，也要教授语言技能。语言知识的主要内容是词汇、发音和语法等，每种内容的特点是不一样的。语言技能的主要内容是听、说、读、写，此外还有很多小技能。其次，学生作为学习的主体，相互之间也存在差异。由于以上原因，英语教学要根据教学方

法、教学内容、学生和教师的不同特点来进行。教学活动应该是丰富而多样的，教学方法应该是丰富而具有创造性的。活泼有趣的英语教学，才能提升学生的学习热情，激发学生的学习潜能。教学的内容也要体现多样性的原则，不光要教英语，还要教学习方法，结合英语教学教学生如何做人。

第二，学习的灵活性。教学方法和教学内容的灵活性在英语学习中发挥着关键作用，能切实带动英语学习走向灵活。传统机械性学习方法存在诸多弊端，难以满足当下英语学习需求。如今，应积极改变这一局面，助力学生探寻自主性学习模式，该模式需契合英语语言学习规律，同时贴合学生生理与心理特点。在此模式下，学生能实现自我导向，明确学习方向；具备自我激励能力，保持学习动力；还可进行自我监控，确保学习效果。在教学方法上，要将静态与动态教学有机结合。静态教学为学生提供扎实知识基础，动态教学则激发学生学习兴趣与活力。在教学内容方面，应做到基本功操练与自由练习相结合。基本功操练巩固语言基础，自由练习给予学生发挥空间。此外，单项和综合练习也不可或缺，单项练习针对特定语言技能，综合练习提升学生语言综合运用能力。通过大量实践，学生能打下良好语音、语调、书写和拼读基础，更可运用英语自如表达情感、开展交流，全面开发听、说、读、写综合语言运用能力。

第三，语言使用的灵活性。在英语教育领域，使用驱动教学法占据核心地位。教师需通过高频次、多样化的英语应用示范，引导学生主动运用语言。在具体实践中，教师应在课堂管理、知识讲解、问题提出及作业布置等环节全面采用英语表达，营造沉浸式语言环境，使学生切实感知英语作为交际工具的鲜活性。英语教学不应局限于被动接收模式，而应构建以语言实践为核心的互动体系，通过任务驱动、角色扮演等交际活动，促使学生在真实语境中实现目标、表达诉求、获得成就感，最终形成积极正向的语言学习体验。

（二）交际性原则

语言作为人们交流思想的工具和传递信息的媒介，在交际中发挥着重要作用。交际是在一定语境下，说者与听者或作者与读者之间，进行意义转化的过程就是交际。由此定义我们可以得出三点启示：①交际包括口语和书面语两种交际形式；②交际总是发生在一定的语境之中；③交际需要两个以上的人参与并产生互动。

实现用英语交际，是学英语的最主要目的，因此，提升学生的英语交际能力是英语教学最主要的目标。所谓交际能力，是指能根据场合和交流对象的不同，运用所掌握的语言知识进行有效交际。为了帮助学生学以致用，实现用英语和他人交流的目的，英语教学过程要始终坚持交际性原则，要在教学过程中努力做到以下几个方面：

第一，认清英语课性质。高中英语课是培养技能的课程，在课上，老师教课和学生学习时，都应该意识到英语作为一种语言，是交际的工具。英语教学的终极目标，不是让学生记住很多独立的词语，或者了解一堆语法，而是要让学生获得用英语和他人交流的能力。高中英语的教、学和用，是相辅相成的，它们有机地结合在一起，以用为核心。是由各方面构成的一个有机的相辅相成的统一体，其中的核心在于使用。因此，教师转变以往陈旧的教学观念，认清课程的性质，是落实交际性原则需要解决的问题。

第二，注意情景设置，通过开展各种各样的交际活动，训练学生使用英语交流的能力。语言是一种交际工具，交际则需要在一定情景下进行。语言交际的情景条件包括时间、空间、说者、听者、话题、交际方式等。在一定情景下开展英语教学，是语言交际本身特点的要求，也是提高学生学习效率的需要。结合教材设置情景时，可以综合使用各种教具，追求逼真、贴近学生日常生活，充分体现交际性。身临其境地对英语进行学习和使用，不但能提高学生学英语的兴趣，还能帮助他们把学和用结合起来，更好地掌握和使用英语。

第三，让学生能够得体地使用英语。英语教学的终极目标，是让学生能够用英语与他人进行交流。在以往，英语教学往往将重点放在让学生掌握正确的语法结构上。坚持英语教学的交际性原则，应提高学生的英语交际能力，让他们能够根据具体的时间、地点、说话对象，调整说话的内容和方式。另外，创设情景，开展多样的交际活动，课堂游戏、讲故事、猜谜语、编对话、角色扮演、话剧表演、专题讨论或者辩论等，这些都有助于学生在创设的情景中充分表现自己，从而掌握地道的语言。

第四，精讲多练。高中英语课堂上的主要活动，首先是讲，即老师向学生讲解英语知识；其次是练，即学生练习使用所学的英语知识。为了帮助学生高效地进行学习，老师有必要在课上讲解一些英语知识，因为英语的学习是一种技能学习，必须通过练习才能真正掌握。教师要时刻意识到，讲解英语知识是为了让学生在训练中获得更好的效果，不但要留出时间给学生进行训练，还要对学生在训练时遇到的问题进行有针对性的辅导，这样进行英语教学，不仅能提升学生的英语交际能力，也有利于学生养成良好的学习习惯和思维习惯。

第五，教学内容和教学活动设计要保证真实性。语言和生活是紧密联系在一起的，选择教学内容、设计教学活动，一方面要考虑学生的日常生活和他们关注的话题，提供给学生的材料要充足、丰富，题材要多样化，符合学生的真实生活；另一方面要使用真实的语言，编写教材和授课，即教材和教学用语，不应只是为了讲课而设计出来的，而要和英语母语者交际时使用的一样，在他们的生活中也能找得到。

（三）兴趣性原则

兴趣是最好的老师，是推动学生学习英语的最强有力的动力。学习兴趣是学生积极探求事物并带有情感色彩的认识倾向。它可以使学生在学习活动中变得积极主动，从而获得更好的学习效果。

学习兴趣有四项功能：①定向功能。学习兴趣作为影响学习过程的一种非智力因素，其作用是最为明显，也是最为持久的，它往往决定着学生的进取方向，为学生一生的事业奠定基础。②动力功能。学习兴趣与人的情感活动密切相关，可以直接转化为学习的动力。当学生对英语学习具有浓厚的兴趣时，学习就不再是一种负担，而是一种乐趣。③支持功能。高中英语学习是一个漫长而又复杂的学习过程，伴随着许多的困难与挫折，学习兴趣不仅体现在克服困难、战胜挫折以及保持旺盛的精力上，更对学习起着支持的作用。④偏倾功能。人们往往从自己的兴趣出发去审视事物。表现在英语学习上就是每个学生的兴趣不同，他学习的侧重点也就有所不同。有的学生对记忆单词特别感兴趣，有的学生特别喜欢阅读英语文章，还有一些学生特别喜欢用英语写点东西。对于这些侧重点的差异，教师需要因势利导，在学生原有侧重点的基础上，引导到全面正确的轨道上来。学生英语学习兴趣的培养和提高可以从以下几个方面着手：

第一，加深对学生身心特点的了解，尊重其学习的主体性地位。学生是英语学习的主体，英语学习主要是由学生自己来进行的。传统的高中英语教学，在开始时花费大量时间教授音标、语法和单词，重视词汇的记忆和背诵，将此过程视为夯实学生英语基础。教师要改变这种传统教学方式，充分了解学生的身心特点，帮助学生改变以前的学习方式，给学生体验和实践的机会。

高中英语课的开展要顺应语言学习规律，通过各种丰富的活动来进行，如听看结合，听做结合，读写结合，甚至可以采用歌唱、做游戏或表演的方式，这样既能提高学生的学习兴趣，也能让他们拥有良好的语感，最终实现用英语交流的目的，尤其是在学习的初级阶段更要如此。

第二，不能只重视死记硬背和机械操练。虽然学英语有时也只能死记硬背，并且需要一定程度机械化地练习，但是以此作为学英语的主要方式不利于培养学生学英语的兴趣。高中英语教学要提高教学设计水平，制定科学的学习策略，结合生活情景教授英语知识，让学生在情景中进行实践。教学方式和氛围应该重视对学生思维上的启发，促进学生知识获取渠道的多样化，帮助学生迅速将知识内化，将所学知识熟练地应用到听说读写的各种交际方式中，做到活学活用，真正掌握英语这个交际工具。通过这样的方法，教师在培养学生的英语交际能力的同时，还能提升其综合素质，激发英语学习兴趣。

第三，挖掘教材中学生感兴趣的内容，增强课程的趣味性。高中英语教学往往是围绕教材内容开展的，教师在备课阶段，要对教材进行深入研究，要想最大限度地调动学生的积极性，就要在备课中认真地研究教材，对学生感兴趣的教材内容进行挖掘，设置他们喜欢的内容和活动，增强课程的趣味性和新鲜感。

第四，善于鼓励和表扬学生，关注其英语的进步，让学生增强自信心，提高成就感。学习效果越好，收获越多，进步越大，学生学英语的兴趣就越持久。所以，教师要善于用多种方式激励学生，如给表现好的学生发奖品，制定任务让学生去完成，并且根据完成情况给予荣誉，以及对学生表示出认可。如此，学生会更积极、更大胆地学习和使用英语、参加活动，从而获得成就感。

第五，设计教学素材，要注意从学生感兴趣的话题入手，这方面有很多具有启发性的案例。例如，数字是高中英语教学内容之一，在课堂上，学生收集的这些数字成了很好的教学素材，课程开展得十分活泼有趣。

第六，教师要多和学生交流。①每个学生的家庭和成长环境不同，教师要付出自己的真心与爱心，对学生一视同仁，积极用不同方式和学生交流，与学生成为朋友，将自己对工作的热爱辐射到学生身上。②学生经常因为喜欢某个老师而喜欢上其所教授的课程。所以，教师要争取让学生尊重自己、喜欢自己，要表现得幽默活泼。③学生对于课程和老师的良好情绪，能够激发他们的学习兴趣。教师要在教学过程中融入思想教育，通过包容的课堂气氛，引导学生树立正确的道德观念，培养学生对英语的热情，同时要免于让学生的自尊心受到伤害。④教师一方面要对学生严格要求；另一方面要为学生的学习营造和谐的氛围，善于通过神色表情、肢体语言和话语影响学生。

第七，采用科学的方式对学生进行评价。传统的应试教育极大地扼杀了学生的学习兴趣。首先，在高中英语教学方面，应主要采用形成性评价的方法，这些方法是日常教学中常见的。教师要注意学生是否有良好的学习态度，是否在努力学习和积极实践，以及在交流和协作方面的表现如何。其次，在考试方式上，可以把笔试和口试结合起来，尤其是对高中生进行期末考试时。笔试可以实现对学生英语听读情况和英语基础写作能力的考察，口试可以实现对学生英语交流能力的考察。而且，记录成绩的方法应该采用达标法或者等级制，不能根据学生的考试成绩给他们排队或进行选拔。

（四）宽严结合原则

在高中英语教学中，宽严结合原则的核心在于妥善处理学生的语言错误，即平衡语言准确性与流利性之间的关系。外语学习是一个漫长且复杂的过程，学生在语言习得阶段所使用的语言往往带有过渡性特征，不可避免地会出现各种错误。这些错误在传统分类中通常被划分为语法错误、词汇错误以及综合性语言错误。其中，语法错误进一步细化为冠词使用错误、时态混淆、语态不当等。然而，这种基于语言形式的分类方法往往忽视了语言在实际交际中的使用情境，未能全面反映语言学习的动态性和复杂性。

错误分析作为第二语言习得研究的重要课题，其价值不仅在于识别错误本身，更在于通过错误揭示学生的学习策略及错误产生的原因。因此，教师在教学过程中应采取一种更为全面和灵活的态度，既要强调语言的准确性，确保学生掌握基本的语言规则，又要重视语言的流利程度，鼓励学生大胆表达，促进语言能力的全面发展。具体而言，对于初学者，教师应多给予鼓励和支持，营造宽松的语言环境，让他们在无压力的状态下进行语言实践；而对于中等以上水平的学习者，教师则应在适当的时候进行纠偏，但纠偏的方式和程度需谨慎把握，以避免打击学生的学习积极性。

宽严结合原则的实施，要求教师具备高度的教育智慧和敏锐的观察力。教师需根据学生的实际情况和学习进度，灵活调整教学策略，确保学生在准确性和流利性之间找到最佳的平衡点。同时，教师还应注重培养学生的自主学习能力，引导他们学会自我纠错和反思，从而在语言学习的道路上走得更远、更稳。

（五）输入输出原则

输入输出原则是高中英语教学的另一重要基石。该原则强调，输入是学生通过听和读接触英语语言材料的过程，而输出则是学生通过说和写表达思想的过程。输出建立在输入的基础之上，输入是第一性的，输出是第二性的。在学习英语的过程中，学生所能理解的语言材料往往多于他们能够表达的内容，因此，输入量的大小直接影响到输出能力的强弱。

为了有效实施输入输出原则，教师在教学过程中应注意以下几个方面：

第一，多渠道接触英语。教师应通过视、听、读等多种手段，为学生提供丰富的可理解语言输入。例如，利用声像材料进行示范教学，展示地道的英语发音和语调；推荐贴近学生生活的英语读物，如简易英文小说、英语新闻等，让学生在阅读中感受语言的魅力和实用性。同时，教师还应鼓励学生积极参与课外英语活动，如英语角、英语戏剧表演等，以扩大学生的语言接触面。

第二，输入内容和形式的多样化。为了满足不同学生的学习需求，教师应提供多样化的输入材料。这些材料应包含丰富的声音、图像和文字信息，题材广泛、体裁多样，涵盖文化、科技、历史、艺术等多个领域。此外，教师还应充分利用现代信息技术手段，如网络资源、多媒体课件等，为学生提供更加生动、直观的学习体验。

第三，强调理解能力的培养。在教学过程中，教师应注重培养学生的理解能力。对于学生能够理解的语言材料，教师应鼓励他们多听、多读，而不必立刻要求他们进行说和写的输出。通过大量的输入积累，学生将逐渐建立起扎实的语言基础，为后续的输出活动奠定坚实的基础。同时，教师还应注重培养学生的语言感知能力和思维逻辑能力，引导他们学会从输入材料中提取关键信息，进行深度思考和有效表达。

第三节　高中英语教学的主要目标

一、高中英语教学目标的含义

教学是一种复杂的社会活动，它最初的拉丁文写法是 deucarl，为“引出”“导出”之意，后来被引入英语，慢慢演变成“education”。教学，顾名思义，是“教”与“学”的结合体，是一种在教师的传授、指导下的学生学习活动。教为学而存在，学又要靠教来引导，两者是相互作用的统一体。当今时代，社会正从工业化向信息化转型，教学也随之从专才教学向通识教学转变，因此，培养学生的综合素养和创新能力成了教学的主要目标。教学目标是人们对教学活动结果的一种主观上的愿望，是对完成教学活动后，学习者应达到的行为状态的详细具体的描述①。

任何过程或行为皆由众多要素（成分）构成，这些要素决定了该过程或行为发展的可行性。英语教学即由众多要素构成的一个过程。当前，国内英语教学界对英语教学的基本要素存在多种观点，这些观点从不同层面、不同角度对英语教学进行了深入剖析，对教师拓宽思路，深化对教学过程的认识和理解具有重大意义。此外，在这些要素之中，教师、学生、教学环境和教学方法为最基本要素，对英语教学的成败具有决定性影响。这是因为，教师是教学活动的组织者，对学生的学习起引导作用；学生是教学的主体，是受教学的对象；教学环境是语言学习过程中极为重要的部分，缺乏语言环境的英语学习只能是无源之水；而教学方法在教学过程中起到了至关重要的推动作用，直接影响了教学效果。目前，随着国内高中英语教学改革的不断深化，对英语教学方法的研究可谓异彩纷呈，成果斐然。

① 王勤．关于新课程高中英语教学目标的叙写［J］．教学月刊：中学版（教学参考），2007（10）：2.

二、高中英语教学目标的特征

高中英语教学与高中其他学科教学有许多共性，如促进学生身心发展、提高实际应用能力、培养自主学习能力等。

（一）工具性与实用性特征

语言是一种社会现象，是人类传递思想和信息的最重要的工具。高中英语教学承担着培养学生基本英语素养和发展应用能力的任务，即通过英语课程学习，使学生了解基本的英语语言知识，帮助他们掌握一定的听说读写译技能，在促进其思维发展的同时，也为他们继续学习英语和用英语学习其他科学文化知识奠定基础。同时，英语作为一种语言，它最实用的价值就是沟通，学生如果能说一口流利的英语，能用英语撰写行文流畅、用词准确达意的文章，对他们未来的事业成功大有裨益。

（二）人文性与思想性特征

人文涵盖人类创造的所有文化成果及其实践活动，亦蕴含“教化教养”之深意。英语自古至今历经漫长的发展与演变，见证了西方文明在不同历史阶段的兴衰。因此，英语承载着西方文明的辉煌成就，成为西方先进思想文化的传播媒介。

高中英语教学应充分重视英语的人文特质与思想内涵，以英语学习为突破口，教师不仅要协助学生高效掌握语言知识与技能、减少机械记忆，还应引导学生深入理解语言，探究其反映和传递的思想内容，以助于学生拓宽视野，培养跨文化意识与包容性，激发创新潜能，塑造良好的品格，以及树立正确的人生观和价值观。

英语的人文特质亦要求高中英语教学关注英语课程对学生思想情感的熏陶，重视学生的心灵成长、心智发展及人格提升。因此，英语的工具性是人文性的基础与媒介，而人文性则是工具性的灵魂。唯有明确两者之间的辩证关系，教师方能淡化以知识为中心的教学模式。故而在高中英语教学实践中，既要培养学生掌握必要的知识技能（听、说、读、写），并能运用所学英语进行实践，又要将人文性融入并贯穿整个教学过程，巩固学生的人文基础，丰富其人生体验，增强文化底蕴，为国家和社会培育德才兼备的优秀人才。

三、高中英语教学目标的内容

（一）语言知识理解

语言知识理解是语言能力发展的认知基础。现代语言教学理论认为，语言知识包含形式特征与运作机制两个层面：前者指语音、词汇、语法等显性知识，后者涉及语言使用的认知策略与语境适应能力。这种区分对应着两种教学模式：结构主义模式侧重语言形式的机械记忆，而交际教学法强调语言知识的动态运用。

认知心理学研究证实，语言知识的内化需要经历感知、理解、记忆、提取四个阶段。教师需通过情境创设、语义关联等策略，帮助学生建立语言形式与意义的联结。例如，在教授虚拟语气时，可结合假设情境引导学生理解其语用功能，而非单纯讲解语法规则。这种认知导向的教学设计，既能促进知识的深度理解，又能为交际能力的培养奠定基础[①]。

语言交际能力的本质是在特定文化语境中运用语言知识实现意义建构。教学目标应包含两个层次：一是语言知识的系统掌握，二是语言使用的得体性。这要求教师在教学中构建“知识—情境—交际”三位一体的教学框架，通过角色扮演、项目式学习等活动，使学生在真实语境中运用语言知识，培养文化敏感性与交际策略。

（二）语言技能习得

技能习得是语言能力发展的实践维度。建构主义理论强调，知识建构需要学习者主动参与认知活动。教师在技能培养中应扮演“脚手架”的角色，通过任务驱动、协作学习等方式，引导学生自主探索语言规律。例如，在写作教学中，教师可先提供写作框架，随后逐步减少支持，促进学习者自主生成语言。

教学主体性原则要求技能培养以学生为中心。教师应设计阶梯式任务，从模仿性练习到创造性表达，逐步提升学生的语言运用能力。以口语教学为例，可从跟读模仿开始，过渡到对话演练，最终实现即兴表达。这种渐进式训练既符合认知发展规律，又能激发学习动机。

① 黄少华．新时代高中英语教学的研究与探索［M］．长春：吉林人民出版社，2020：10.

技能习得需遵循“输入—内化—输出”的认知路径。教师应注重语言材料的真实性，提供可理解性输入，同时设计输出活动促进语言内化。例如，在听力教学中，可先通过视听材料进行信息输入，再组织小组讨论促进语言产出，最后通过写作任务实现知识的迁移应用。这种循环训练模式有助于形成完整的技能链。

（三）知识传授体系

传统知识传授模式以教师为中心，存在三个典型特征：一是单向传递性，教师主导知识呈现；二是内容选择的主观性，侧重教师认为重要的语言点；三是学习评价的单一性，以考试成绩为主要标准。这种模式虽能保证知识传递的效率，但忽视了学生的认知差异与学习需求。

现代教学观强调知识传授的动态性。教师应建立“诊断—预设—生成”的教学机制：通过前测了解学生的知识基础，据此预设教学目标；在实施过程中根据学生反馈动态调整教学策略；最后通过形成性评价促进知识的内化。这种弹性教学模式能更好地适应学生的个性化发展需求。

知识传授需构建“显性—隐性”双轨体系。显性知识指语言规则与概念，隐性知识包括语感、交际策略等。教师应设计显性教学与隐性习得相结合的活动，例如，在语法教学中融入语篇分析，在词汇教学中关联文化背景，促进两种知识的协同发展。

（四）技能训练模式

传统技能训练模式以行为主义理论为基础，存在三大局限：一是机械性，强调重复训练忽视认知参与；二是被动性，学生处于受控地位；三是结构化，侧重语言形式而忽视功能。这种模式虽能提升语言熟练度，但难以培养交际能力。

现代技能训练应遵循“意义—形式”整合原则。教师需设计真实性任务，使技能训练具有交际价值。例如，在口语训练中，可设置商务谈判、学术讨论等情境，要求学生在完成任务的过程中运用语言技能。这种训练既能提升语言准确性，又能培养交际策略。

技能训练需建立多元化评价体系。除了传统的终结性评价，还应纳入过程性评价：通过学习档案记录学生的技能发展轨迹，采用同伴互评促进反思性学习，运用自我评价培养元认知能力。这种多维评价方式能够更全面地反映学习者的技能发展状况。

（五）培养跨文化交流能力

随着新教学大纲的颁布、英语教学改革的深入，培养学生交际能力的意识越来越深入人心。但我们在英语教学实践中却发现，尽管我们在培养学生听说读写言语技能方面较为重视，但教学效果并不明显。通过分析就会发现，现行的围绕听、说、读、译等言语技能训练所编的教材及所采用的教学方法存在着一定的问题。严格而言，目前的英语教学还没有突破语言知识的掌握和言语技巧的训练的框架，学生所学到的更多的是语言表面的知识。所以，学生说出的话、写出的文章尽管语法上正确，却不够得体。

（六）发展学生的意义潜势

语言被视为一个“潜势”，称为“意义潜势”。教学的目的是使学生掌握这一潜势，使学生会用语言来表达意义，这显然既包括使学生掌握有关语言的知识，也包括使学生掌握语言表达的能力，学会用所学的语言说话。通过对以上几种教学模式进行比较分析可以发现，教学过程主要被看作一个物质过程，是一种活动，主要参与者是学生和教师。即使是心理过程，教师也是一个使学生做事情的人，是个控制者，而不是“感受者”或者“现象”。但在这个过程中，教师所起的作用是不同的。教师可以作为控制者和行为者，将学生看作目标，换言之，学生只能被动地接受教师所传授给他的任何教师认为重要的内容。教师也可以作为训练者，做教练，让学生做一系列活动和动作，是指挥和指导者，而学生是活动的进行者，是行为者。教师还可以是使学生做事的人，只组织学生从事一系列学习活动。从这个角度来看，这几种模式有一个共同点，就是教师的作用越来越趋于向背景移动，而把主要角色让学生来承担。学生越来越成为教学活动的主角和中心，这是现代语言教学理论和方法发展的趋势。最后一个模式是一个综合模式，它不把任何一种模式作为其首选模式，而是根据具体需要和不同的阶段选择不同的方法。

第四节　高中英语教学的关键问题

一、高中英语教学的关键问题：个性化教学

个性化教学是主要针对学生差异化需求的教学办法，在现代教育改革中占有重要地位。高中英语教学中，此策略既可提高学生语言能力，又可点燃其自主学习热情，拓展学生思维广度[①]。打造个性化的教学，要形成对个性化教学价值取向的理性认识，只有形成了这种理性认识，才能够在实践过程中真正把握个性化教学的精髓。

（一）打造高中英语个性化的教学

个性化教学的打造绝非易事，需要学校教学与管理各个层面的联动，其中既包括教学理念的更新，也包括教学方式的变革；既包括校长课程与教学领导力的提升，也包括一线教师的专业发展；既包括教学改革理论的构建，也包括教学改革实践的探索。但是，应该注意的是，教学工作是学校工作的核心，也是实践教学变革的重要抓手。个性化的教学应该形成以下基本认识：

第一，个性化教学并非等同于简单的个别教学或一对一教学模式，而是一种将个人学习、小组协作与课堂集体教学有机结合的综合性教学形态。该模式旨在充分激活每个学生的主体性与主动性，是针对传统教学弊端提出的创新方案，对促进学生的个性化发展具有积极意义。

第二，教师作为个性化教学的核心实施者，其角色定位至关重要。教师不仅要承担“传道、授业、解惑”的基本职责，更需秉持爱与责任的职业精神，热爱教育事业并关怀每一位学生的成长。教师应致力于形成独特的教学风格，展现个性化的教学魅力。针对当前教师培训中存在的功利化、形式化及针对性不足等问题，需完善培训制度，激发教师的培训热情，促使其主动掌握个别化教学的理念与操作方法。

① 钟晨．高中英语教学中个性化学习策略的制订与实施 [J]．高考，2025（9）：61.

第三，丰富的学校课程体系是实施个性化教学的基础前提。个性化教学强调尊重学生的个体差异与特殊需求，这要求学校提供多样化的课程选择、灵活的教学方法、先进的信息技术支持以及优质的学习资源。学校应充分挖掘内部资源，赋予教师与学生课程开发与选择的自主权，同时积极整合家庭、社会等校外资源，为学生构建更为广阔的学习空间。

第四，在个性化教学的实施过程中，优势互补与组织灵活性是关键要素。教师需注重多种教学组织形式的协同配合，实现各类教学优势的互补与融合。尽管已有多种个性化教学组织形式在理论与实践层面得到验证，但并无一种模式能够适用于所有教学情境。因此，教师需保持理性认知，根据实际教学需求与学生学习状况，灵活选择并调整教学组织形式。

（二）探索高中英语与个性化教学的契合点

随着英语学科教学改革的推进，以及个性化教学理念的不断推广，英语学科中的个性化教学研究与实践越来越受到重视。英语学科教学与个性化教学的关系，既包含理论的认知，也包括实践的构建，而对于一线的英语教师而言，我们所应该关注的，除了厘清个性化教学与个性化教学之间的天然联系，更为重要的是，根据个性化教学推动个性化教学的基本操作原则，努力找寻英语学科教学与个性化教学的契合点，这一过程中，最为重要和根本的就是探索通过英语学科教学实施个性化教学的有效方式方法，并总结形成能够指导教师教学改进的、具有一定推广和借鉴意义的操作原则与操作范式，而这正是本书第五章所要解决的关键问题与达成的基本目标。

二、高中英语教学的关键问题：人文素养培育

当前社会英语的应用非常广泛，在高中阶段重视英语教学对学生之后的发展具有积极的促进作用，为了帮助学生更好地学习英语，教师要从实际出发，不断培养学生的人文素养①。我国从推行素质教学以来，人文素养培育越来越受到各级各类学校的重视，在实际中也取得了很大成效。

① 刘霞霞．浅谈高中英语教学中学生人文素养的培养［J］．陕西教育（教学版），2020（10）：66．

（一）人文素养培育的必要性

在当今社会快速发展的背景下，人文素养培育，作为教育体系中的关键一环，不仅是教学使命的内在要求，更是新课程理念落实及教学内涵式发展的核心诉求。

1. 促进健全人格的形成与思维方式的改善

（1）形成健全人格

人文素养是基础性素质，对其他素质的形成与发展具有深远的影响力和强大的渗透力。通过人文素养的培育，学生能够树立正确的世界观、人生观和价值观，形成健全的人格。这种人格不仅体现在个体的道德品质上，更体现在其面对困难和挑战时的坚韧不拔、乐观向上的精神风貌上。例如，在文学作品的阅读中，学生可以感受到人性的光辉与阴暗，从而学会同情、理解和包容；在历史事件的学习中，学生可以领悟到历史的教训与智慧，从而更加珍惜当下，规划未来。

（2）改善思维方式

人文素养的培育还能够改善学生的思维方式。在人文知识的学习过程中，学生需要运用批判性思维、创造性思维等多种思维方式去理解和分析问题。这种思维方式的训练，有助于学生打破思维定式，拓宽视野，提高解决问题的能力。例如，在哲学讨论中，学生需要从不同角度审视问题，思考其本质和意义；在艺术创作中，学生需要发挥想象力，创造出独特的艺术作品。这些过程都极大地锻炼了学生的思维能力，使其在面对复杂多变的社会环境时能够从容不迫。

2. 提升学生综合素质

（1）全面发展标志

人文素质是人的全面发展的最重要标志。一个具备高雅人文修养的学生，不仅拥有丰富的知识储备和精湛的技能水平，更具备健全美好的人格和强大的综合能力。这种综合能力包括但不限于沟通能力、团队协作能力、创新能力、领导力等。这些能力的提升，将使学生在未来的职业生涯中更加游刃有余，成为社会的中坚力量。

（2）学科资源挖掘

为了有效提升学生的综合素质，师生应共同努力提升人文素养。学校应充分挖掘各学科中的人文资源，如语文、历史、哲学、艺术等，通过课堂教学、课外活动、社会实践等多种形式，将人文素养的培育融入学生的日常生活中。例如，在语文教学中，可以引导学生深入阅读经典文学作品，感受其中的文化底蕴和人文精神；在历史教学中，可以组织学生参观历史博物馆、纪念馆等，亲身体验历史的厚重与沧桑。

（3）师生共同努力

教师作为人文素养培育的主导者，应不断提升自身的人文素养和教学能力，以更加生动有趣的方式引导学生学习人文知识。同时，学生也应积极参与人文素养的培育活动，主动探索、勇于实践，不断提升自己的人文素养水平。师生共同努力，形成良好的人文素养培育氛围，为学生的全面发展奠定坚实基础。

3. 使学生适应社会发展

在当今社会快速发展的背景下，未来社会对人才的需求更加多元化和复杂化。一个仅仅具备专业知识和技能的学生，已经难以满足未来社会的需求。因此，着眼于未来人才培养，必须重视人文素养的提升。通过人文素养的培育，学生可以具备更加广阔的视野、更加敏锐的洞察力、更加深厚的文化底蕴和更加高尚的道德情操。这些素质将使学生在未来的职业生涯中更加具有竞争力，能够更好地适应社会的变化和发展。

忽视人文素养的提升，学生在多方面的发展将不全面，难以在现代社会立足。例如，在科技领域，虽然技术能力是核心竞争力，但缺乏人文素养的科技人才往往难以在技术创新中融入人文关怀，导致科技成果的应用缺乏社会责任感和伦理道德考量。在商业领域，缺乏人文素养的商人往往只追求短期利益，忽视长远发展和社会责任，最终难以赢得消费者的信任和市场的认可。

（二）人文素养培育的具体路径

在当今快速发展的社会中，人文素养培育作为个体成长的关键中介因素，正日益受到广泛关注。它不仅与其他教育因素相互作用，共同塑造着人性的外延，更是实现人的全面发展的重要基石，被视为未来社会所需的核心素养之一。尽管人文素养的培育方法与其他核心素养存在共性，但其独特性要求我们在实践中探索出更为精准、有效的实施路径。

第一，开发课程体系。课程是落实培养目标的重要载体，因此，构建一套科学、系统的人文素养课程体系显得尤为重要。这要求我们在课程设计时，不仅要注重课程内容的整体性，确保各门课程之间的逻辑连贯与相互支撑，还要强调学科间的融合，打破传统学科壁垒，促进知识的交叉与渗透。通过跨学科的教学设计，学生能够在多元化的学习情境中，培养综合运用知识解决问题的能力，从而全面提升人文素养。

第二，改进教学方法。传统以教师为中心的教学模式已难以满足新时代人才培养的需求，亟须向以学生为中心的教学范式转变。在这一过程中，教师应更多地扮演引导者、促进者的角色，鼓励学生独立探索、主动学习。启发式、探究式等教学方法的引入，能够激发学生的学习兴趣，培养其批判性思维与创新能力。同时，营造一个开放、包容、鼓励质疑的学习环境，对于促进学生人文素养的养成至关重要。

第三，提升教师素质。教师作为教育活动的直接实施者，其专业素养的高低直接影响着人文素养培育的效果。因此，加强教师培训，重构培训目标、课程及模式，是提升教师队伍整体素质的有效途径。培训应聚焦于人文素养教育理念、方法及实践技能的提升，帮助教师掌握先进的教学策略，增强其在人文素养培育中的指导能力。

第四，推进评价改革。传统以分数为单一评价标准的体系已难以全面反映学生的人文素养水平。因此，评价重点应转向基于核心素养的多元评价，采用包括作品展示、项目实践、同伴评价在内的多种评价方式，以全面、客观地评估学生的综合素养。同时，建立科学、合理的测评技术方法与标准体系，确保评价的公正性与有效性。此外，关注评价结果与现有教育体系的深度整合，以及对学生复杂能力的评价，对于指导教学实践、促进人文素养培育目标的实现具有重要意义。

（三）人文素养培育从文化立场对英语教学观的重构

在高中教育体系里，学生人文素养的培育与学科教学改革紧密相连，英语学科教学在其中扮演着关键角色。要达成借助英语教学培育学生人文素养的目标，首要任务是深入且清晰地认知英语学科和人文素养培育之间的内在关联，而核心要点在于从文化视角重构英语教学观。英语教学与文化存在天然的紧密联系，英语教学过程深受文化背景的深刻影响。不同文化背景孕育出各异的英语表达习惯、思维方式和价值观念。若教师能清晰认识这一关联，从文化立场出发重构教学观，就能深度挖掘英语学科的文化内涵。

在文化革新发展的当下，对文化意识及文化环境的革新转变进行全面分析意义重大。教师通过对文化意识的精准把握，能敏锐捕捉英语教材、教学素材中蕴含的文化元素，主动挖掘并有效运用这些人文素养教学资源。例如，在讲解英语文学作品时，引导学生剖析其中反映的文化现象、社会价值观等。同时，文化环境的革新转变分析有助于教师营造富有文化氛围的课堂，增强教学过程中的文化效果。学生在这样的环境中学习，不仅能提高对英语文化的认识，还能提高英语运用能力和英语学习质量。如此，通过从文化立场重构英语教学观，教师能真正发挥英语学科在培育学生人文素养方面的作用，助力学生全面发展。

1. 语言文化与英语教学的关系梳理

（1）语言与文化的共生关系

语言与文化之间存在着一种不可分割的共生关系。语言不仅是人类交流思想的工具，更是文化传承与发展的载体。每一种语言都深深根植于其背后的文化土壤之中，承载着特定民族的历史记忆、价值观念、社会习俗等。因此，语言随着文化的演变而不断变化，不同文化背景下的语言使用也呈现出各自独特的意义和表达方式。在英语教学中，认识到语言与文化的这一紧密联系至关重要。教师应当引导学生从文化的视角出发，去理解和掌握英语，这样的教学方式不仅能够显著提高学习效率，还能使学生更好地运用英语进行跨文化交流，实现语言的本质学习与应用。同时，文化作为英语学习的基础，有助于学习者全面分析英语的逻辑结构、语言特点及其在不同情境下的使用效果，从而深刻把握英语语言的价值所在。

（2）文化对英语学习的支撑作用

在英语学习的过程中，单纯的语言知识学习往往容易使学生感到枯燥乏味，进而降低学习兴趣，影响认知效果。相比之下，将语言学习置于丰富的文化背景之中，能够使语言学习变得生动有趣，充满生命力。文化不仅为语言提供了丰富的语境，还是连接英语及其教学的桥梁。通过引入文化元素，教师可以革新传统的教学方式，如采用角色扮演、文化对比分析、跨文化交际模拟等多样化教学手段，激发学生的学习兴趣，提高他们的参与度。此外，文化意识的增强还能为学生提供新的发展路径，帮助他们更好地理解英语国家的思维方式、行为习惯和社会规范，从而在语言应用中更加得心应手，减少因文化差异导致的误解和冲突。

（3）文化意识教学的重要性

文化意识教学是英语教学的基石，也是提高教学水平的关键因素。它要求教师在传授语言知识的同时，注重培养学生的跨文化交际能力，使他们能够意识到并尊重不同文化之间的差异，学会在多元文化背景下进行有效的沟通与合作。通过文化意识教学，学生不仅能够提高语言水平，还能拓宽国际视野，增强全球竞争力。因此，在英语教学中融入文化元素，不仅是提高教学质量的有效途径，更是培养具有国际视野和跨文化交际能力人才的重要举措。

2. 文化引导的高中英语教学改革

（1）细化英语文化教学大纲

文化教学大纲是英语教学改革的基础和指导性文件，其细化程度直接关系文化教学的质量和效果。首先，需细化文化教学理论，全面分析文化教学的复杂性，明确文化教学的目标和任务。文化教学不仅是语言知识的传授，更是文化意识的培养和跨文化交际能力的提升。因此，教学大纲应涵盖语言知识、文化知识、文化技能和文化态度等多个方面。其次，重建知识理论体系，规范知识文化结构及系统，形成完整、系统的文化教学框架。这要求教学大纲在内容编排上注重逻辑性和连贯性，确保学生能够循序渐进地掌握英语文化知识。同时，教学大纲还应关注文化教学的动态性，及时反映英语国家文化的最新变化和发展趋势。最后，全方位把握文化变革形势，合理运用多元化、现代化的教学手段和方法，提高学生的学习效果。例如，可以利用多媒体资源、网络平台等现代信息技术手段，丰富文化教学内容和形式，提高学生的学习兴趣和参与度。同时，教学大纲还应注重分析学生的个体化差异，根据学生的年龄、性别、兴趣爱好等因素，完善大纲内容，确保教学大纲的针对性、系统性和可实施性。

在教学大纲的制定过程中，还应把握教学阶段的衔接与内容。不同年级的学生在认知水平、学习能力和兴趣爱好等方面存在差异，因此教学大纲应根据不同年级的特点和需求，合理安排教学内容和进度。例如，低年级可以侧重于基础语言知识和文化常识的传授，高年级则可以逐步增加文化比较、文化批判等高级内容，培养学生的跨文化意识和批判性思维能力。

（2）突出多元化课程创新设计

多元化课程创新设计是英语教学改革的重要方向。各级学校应根据自身特色和区域特点，合理安排课程内容设计，落实多元化教学课程设计。基础教学学校可以根据地方文化特色和学生的实际需求，选取具有代表性的英语文化内容，设计具有地方特色的英语课程。例如，可以开设英语戏剧、英语电影赏析等课程，让学生在欣赏艺术作品的同时，了解英语国家的文化背景和风俗习惯。

在课程创新设计中，教师还应分析学生的个体差异，因材施教，保证语言平等，提高学生的学习兴趣。每个学生都有自己的学习风格和兴趣爱好，教师应根据学生的特点，采用多样化的教学方法和手段，满足学生的个性化需求。例如，对于视觉型学习者，可以采用图片、视频等直观教学手段；对于听觉型学习者，可以采用听力训练、口语练习等教学方法。

此外，教师还可以开展第二教学课堂，拓展教学方法、空间和交际，提供教学辅助，实现课程创新形式的转变。第二教学课堂可以包括英语角、英语俱乐部、英语演讲比赛等活动形式，让学生在轻松愉快的氛围中学习英语，提高英语综合运用能力。

（3）教学内容渗透文化革新教学

文化革新教学是英语教学改革的重要内容。教师应肯定文化革新意识，将文化教学渗透到教学内容中，提高学生的文化革新素质和教学质量。在教学过程中，教师可以通过文化背景渲染阐述文章衔接方式，讲解时间、地点、词语衔接等文化差异，提示习惯语态及用法。例如，在讲解英语文章时，教师可以介绍英语国家的文化背景和风俗习惯，帮助学生理解文章中的文化内涵和表达方式。同时，教师还可以指导学生根据词根等释义单词，讲解英语形成、发展过程，鼓励学生根据语境文化分析词意。英语单词的形成和发展与其文化背景密切相关，通过讲解词根、词缀等知识，可以帮助学生更好地理解和记忆单词。此外，教师还可以引导学生根据语境文化分析词意，培养学生的语感和语境意识。

在文化革新教学中，教师还应注重培养学生的批判性思维能力和创新能力。通过对比分析中西方文化的异同点，引导学生思考文化差异背后的原因和影响，培养学生的跨文化意识和批判性思维能力。同时，教师还可以鼓励学生提出自己的观点和见解，培养学生的创新能力和独立思考能力。

（4）强化文化情景教学作用

文化情景教学是提高学生学习兴趣和学习积极性的有效手段。通过创建文化情景环境，可以让学生在真实的语境中学习英语，提高英语综合运用能力。首先，教师应激发学生的学习兴趣，创建具有吸引力的文化情景环境。例如，可以模拟英语国家的日常生活场景，让学生在模拟场景中进行角色扮演和对话练习。其次，教师应加强对学生的情感态度分析研究，纠正不良学习态度，建立正确的学习意识。学生的学习态度直接影响其学习效果和学习动力。因此，教师应关注学生的情感变化和学习态度，及时给予指导和帮助。例如，对于学习困难的学生，教师可以给予更多的鼓励和支持，帮助他们树立学习信心；对于学习态度不端正的学生，教师可以进行耐心细致的思想教育，引导他们认识到学习英语的重要性。

在文化情景教学中，还应发挥学生的主体作用和教师的主导作用。学生是学习的主体，教师应尊重学生的主体地位，鼓励学生积极参与教学活动，发挥自己的主观能动性。同时，教师还应发挥主导作用，引导学生正确理解和运用英语知识，提高学生的学习效率。

此外，还应建立教学文化外部环境，优化教学资源，创设、构建、共享相关内容，通过视频等熏陶学生。例如，可以建立英语文化资源库，收集整理英语国家的文化资料、视频、音频等资源，供学生自主学习和欣赏。同时，教师还可以利用多媒体教学手段，播放英语电影、电视剧、纪录片等视频资料，让学生在欣赏艺术作品的同时，了解英语国家的文化背景和风俗习惯。

（5）充分利用英语文化资源

英语文化资源是英语教学改革的重要支撑。将语言科学、人文科学、自然科学知识结合成整体，实现文化渗透传播，可以提高教学质量和效率。在教学过程中，教师可以利用英语文化资源，丰富教学内容和形式，拓宽学生的视野和知识面。首先，可以利用交流软件资源，增加学生英语学习机会，拓宽文化视野。随着互联网技术的不断发展，各种交流软件如雨后春笋般涌现。教师可以引导学生利用这些交流软件与英语国家的人进行交流互动，提高英语口语表达能力和跨文化交际能力。同时，教师还可以利用这些软件获取最新的英语文化资讯和教学资源，为教学提供有力支持。其次，合理利用艺术性资源，引用西方艺术形象及作品，提高教学境界和趣味，提升学生素养。艺术是文化的载体和表现形式之一。通过欣赏西方艺术作品，学生可以深入了解英语国家的文化内涵和审美观念。例如，教师可以引导学生欣赏西方绘画、雕塑、音乐、舞蹈等艺术作品，让学生感受西方艺术的魅力和独特之处。同时，教师还可以将这些艺术作品与英语教学相结合，设计生动有趣的教学活动，提高学生的学习兴趣和参与度。最后，还可以利用英语国家的文学作品、历史文献等资源，丰富教学内容和形式。通过阅读英语文学作品，学生可以了解英语国家的历史文化和社会风貌；通过学习历史文献，学生可以深入了解英语国家的发展历程和演变过程。这些资源不仅可以提高学生的英语阅读能力和理解能力，还可以培养学生的文化素养和批判性思维能力。

第二章　高中英语教学方法的具体类别

随着新课程改革的深入推进，教育生态的多元化、学生认知风格的多样性以及语言习得规律的复杂性，促使教师不断探索更具针对性的教学策略。个性化教学关注学生主体性，生活化教学强调语言实践，游戏化教学激发学习动机，小组合作教学培养协作能力，互动探究式教学深化思维品质，这些方法既是对传统教学法的继承，也是对新时代教育理念的回应。本章系统梳理高中英语教学的个性化教学方法、生活化教学方法、游戏化教学方法、小组合作教学方法、互动探究式教学方法，从理论溯源到实践应用，结合具体案例解析各类方法的实施路径。

第一节　高中英语个性化教学方法

一、高中英语个性化教学方法的目标

教学目标作为教学活动的价值导向与行动框架，其设计质量直接影响着教学效能与育人成效。传统高中英语教学目标设计存在明显的“去个性化”倾向，具体表现为以教师预设的抽象化目标替代学生主体性需求，以标准化、同质化的目标体系消解学生的个体差异性，这种目标设计范式实质上将学生视为被动接受知识的容器，而非具有自主建构能力的认知主体，导致教学目标与学习主体之间形成价值断层。为破解这一困境，教师应构建基于学生主体性的个性化教学目标体系，该体系以尊重个体差异为前提，通过教学对话实现目标的动态生成，使教学目标真正成为促进学生发展的内在动力。

（一）英语个性化教学方法的目标前提

1. 课程本体的深度解构

课程作为教学活动的物质载体与认知框架，其本体性理解直接影响教学目标设计的科学性与适切性。个性化教学目标设计要求教师突破传统课程观的工具理性束缚，建立“三位一体”的课程认知范式，在宏观层面把握课程本质的哲学基础，明确英语学科在培养跨文化交际能力中的价值定位；在中观层面解析课程内容的结构逻辑，厘清语言知识、文化意识、思维品质等要素的内在关联；在微观层面建立课程实施与教学目标生成的映射关系，使课程目标分解具有可操作性，这种立体化的课程认知，为个性化教学目标设计提供了坚实的逻辑支点，确保教学目标既符合学科本质要求，又能体现学生的认知发展规律。

2. 学生特征的精准把握

学生作为教学活动的核心主体，其认知特征、情感状态、发展潜能构成个性化教学目标设计的根本依据。教师应构建多维度的学生认知图谱：在认知维度，分析学生的语言认知风格、信息加工模式及元认知发展水平；在情感维度，关注学习动机的强度与方向、学习焦虑的触发机制及自我效能感的形成规律；在发展维度，识别学生的最近发展区、潜能优势及成长需求，这种全景式的学生洞察，要求教师超越经验主义的直觉判断，建立基于证据的学生评估体系，通过动态诊断、过程性评价等方式获取真实的学习数据，从而为差异化目标设计提供实证支持。

3. 理论范式的系统整合

个性化教学目标设计需要多学科理论资源的协同支撑。从教育心理学视角：教师应融合建构主义的学习理论、人本主义的动机理论及社会文化理论的活动观。从语言学维度：教师应整合二语习得理论、语用学理论及多模态话语分析理论。从教学论层面：教师需借鉴发展性教学理论、差异教学理论及深度学习理论，建立理论资源的转化机制，将抽象的理论命题转化为具体的教学设计策略，形成“理论—实践”的双向互动，这种理论资源的整合不是简单的拼贴，而是基于教学情境的创造性重构，使教学目标设计兼具理论深度与实践智慧。

（二）英语个性化教学方法的目标途径

1. 基于认知分层的阶梯式目标设计

学生认知结构的异质性要求建立多层次的目标体系，教师应构建“基础—发展—拓展”的三维目标矩阵：①基础目标聚焦语言知识的系统建构，确保全体学生掌握核心词汇、基本句法及语篇结构；②发展目标侧重语言能力的综合运用，通过项目式学习、主题探究等活动培养学生的语言输出能力；③拓展目标强调思维品质的深度发展，设计批判性阅读、学术写作等高阶认知任务，这种分层设计需遵循“最近发展区”原理，使各层次目标既保持适度挑战性，又避免因过度拔高导致习得性无助。目标实施过程中应建立弹性调整机制，允许学生根据学习进展在层次间动态流动。

2. 基于教学进程的阶段性目标重构

教学目标的动态生成要求建立过程性目标管理机制，在单元教学层面，教师应构建“总—分—总”的目标推进模式，起始阶段确立单元主题框架与核心能力目标，分解阶段根据教学内容模块设置子目标群，总结阶段通过综合任务达成单元目标整合。在课时层面，应建立“诊断—预设—生成—反思”的目标循环系统，课前通过前测诊断确定教学起点，课中根据学情变化动态调整目标，课后通过反思优化后续目标设计，这种阶段性的目标重构需要教师具备敏锐的教学洞察力，能够及时捕捉课堂生成性资源，将教学意外转化为目标实现的契机。

3. 基于个体发展的动态化目标生成

学生发展的不确定性要求建立个性化目标适配机制，教师应构建“基础保底—差异发展—个性扬长”的目标支持体系：基础目标确保所有学生达到课程标准底线要求，差异目标针对不同学习风格设计多样化达成路径，个性目标为学有余力者提供拓展性学习空间。目标生成过程中应建立“协商—选择—评价”的互动机制，通过师生对话协商确定个性化目标，给予学生目标选择的自主权，采用表现性评价监测目标达成度，这种动态化目标生成需要教师转变角色定位，从目标制定者转变为学习促进者，通过支架式教学策略支持学生的个性化发展。

个性化教学目标体系的建构本质上是教学范式的转型，其核心在于实现从“以教定学”到“以学定教”的价值转向，这种转型要求教师具备三种专业能力，课程开发的系统思维能力、学生认知的诊断分析能力、教学决策的情境应变能力。未来研究需进一步探索技术支持下的个性化目标生成模式，如利用学习分析技术构建精准画像，借助人工智能实现目标推荐的智能化，通过虚拟现实技术创设个性化学习情境。在技术赋能的同时，更需坚守教育的人文本质，确保教学目标始终指向人的全面发展，使英语教学真正成为促进生命成长的文化实践。

二、高中英语个性化教学方法的设计

20 世纪 80 年代，现代教学设计理论作为西方教育改革的成果被引入中国教育体系，其与本土备课传统的融合过程，实质上构成了我国基础教育课程改革的逻辑起点。在高中英语学科领域，这一理论范式的引入促使教师群体从经验主导型备课模式向科学化、系统化教学设计范式转型，这种转型不仅体现在教学流程的标准化重构上，更深层次地反映为教师教学认知结构的革新——教师开始以反思性实践者的姿态，运用教学设计原理对教学行为进行解构与重构，从而在职业发展中实现了从经验型向专业型教师的范式跃迁。

教师作为教育实践的主体，其职业存在具有显著的个体性特征，这种个体性既表现为认知风格、情感特质、思维方式的独特性，也体现为教学智慧、专业判断、创新能力的差异性。每位教师基于自身生命体验形成的教学哲学，构成了教育实践的多元图景。正是这种差异性的存在，为个性化教学设计提供了本体论依据：当教学设计不再追求标准化模板的复刻，而是强调教师主体性的彰显时，教学便成为教师创造性生命的展开过程。个性化教学设计理念的提出，标志着教学设计从技术理性向实践理性的范式转换，其核心要义在于构建科学性与人文性相统一的教学设计范式，通过将教师的实践智慧融入教学设计过程，从而实现教学方案与真实教学情境的动态适配。

（一）文本解读的个性化建构

课程实施的关键在于教师如何将课程标准转化为具体的教学实践，这一转化过程本质上是对教材文本的二次创作。在传统教学框架中，教材文本往往被视为不容置疑的权威符号，教师则成为课程忠实的执行者。而个性化教学设计主张教师以批判性思维介入文本解读，通过三重维度的意义重构实现文本的创造性转化：首先，在语义维度上，教师应超越字面意义的阐释，挖掘文本蕴含的文化价值与教育意蕴；其次，在认知维度上，需基于学情分析重构文本的知识结构，形成符合学生认知规律的教学逻辑；最后，在实践维度上，需将文本解读与具体教学情境相结合，生成具有可操作性的教学方案，这种文本解读的个性化建构，不仅打破了教材中心主义的桎梏，更通过教师主体性的彰显，使教学过程成为师生共同参与的意义生成过程。

（二）弹性教案的生成性特质

弹性教案作为个性化教学设计的载体，其本质特征在于对教学不确定性的积极回应。传统教案的封闭性设计往往导致教学过程的机械执行，而弹性教案则通过时空留白的策略性安排，为教学过程的动态生成提供了可能性空间，这种设计理念包含双重维度：在结构维度上，通过预设弹性框架保持教学方案的基本稳定性；在过程维度上，通过留白机制实现教学方案的适应性调整。具体而言，教案右侧的即时记录区为捕捉课堂生成性资源提供了技术支撑，而尾部的反思空间则构建了教学改进的循环机制，这种设计模式不仅解放了教师的创造性潜能，更通过赋予学生表达自由，构建了以对话为特征的课堂生态。当教学方案能够根据课堂实况进行即时调适时，教学便超越了预设与生成的二元对立，进入动态平衡的理想状态。

（三）研究型教案的创新性品格

研究型教案的提出，标志着教学设计从经验总结向学术研究的范式升级，这种教案形态以问题导向为核心特征，要求教师将教学设计过程转化为教育研究的微型实践，其创新机制体现在三个层面：①在认知层面，教师需运用研究方法对教学问题进行科学诊断，通过实证分析把握问题的本质属性；②在实践层面，需将研究成果转化为可操作的教学策略，形成具有创新价值的教学方案；③在发展层面，需建立教学设计的研究档案，通过持续改进实现教学智慧的螺旋式上升，这种教案形态的深层价值，在于重构了教师的职业存在方式——当教学设计被赋予研究属性时，教师便从知识传递者转变为教育研究者，其职业幸福感不再依赖外部评价，而是源自教学创新带来的内在满足。

个性化教学设计作为教育改革的深化方向，其本质是教学主体性的觉醒与释放。当教师能够以研究者姿态介入教学设计，通过文本解读的个性化建构、弹性教案的生成性实践、研究型教案的创新性探索，将自身的教学智慧转化为教学方案的核心要素时，教学便实现了从技术理性向实践智慧的范式跃迁，这种转变不仅提高了教学质量，更通过促进教师的专业发展，为教育现代化提供了持续动力。在未来的教学实践中，个性化教学设计理念的深化，需要构建支持性的制度环境，培育开放的教学文化，使教师能够在专业共同体中实现经验共享与智慧共生，最终达成教学相长的理想境界。个性化的教学设计，关键在于教师的创造性思维和灵活使用教材、文本的能力。尽管设计教案是有章可循的，但是，教师在具体教学过程中的创造性实践则可能是无限的，而且这种创意性的个性化的教学设计可以随时随地出现在教师的课堂教学之中。

三、高中英语个性化教学方法的实施

教学实施是教学的最关键、最核心环节，倡导个性化的教学，实际上归根结底是要体现在个性化的教学实施之中。而教学实施中的个性化，最为关键的是要创新课堂组织形式，灵活使用多种教学方法。在个性化教学框架内，教学组织形式需突破传统班级授课制的单一性，转向多元化、灵活性的模式重构。教师可通过开放课堂、小班化教学、差异化教学等策略的探索，构建与教学内容适配、与师生特质共鸣、与班级生态共振的教学形态。此类革新不仅关注教学形式本身的多样性，更强调其动态适配性——依据知识类型、教师风格及学生群体特征，选择或组合最优化的教学路径，从而为个体潜能的释放提供结构性支持。个性化课堂的组织形态呈现多模态特征，既涵盖开放课堂的自主探究、差异教学的分层指导，也包含合作学习的协同建构、个别化教学的精准介入等，这些形式并非孤立存在，而是可基于教学情境进行动态整合，形成“以学定教、以教促学”的有机系统。教师需从教学目标的分层解构、学习路径的弹性设计、评价机制的差异化建构三个维度切入，推动教学组织形式从“标准化”向“个性化”的深度转型。

（一）科学设计个性化教学活动

教师在设计教学活动时，首先要尽可能让每个学生都有参与的机会；其次是问题的难度要兼顾不同层次学生的实际水平；最后让学生以团队为单位承担任务。例如，在一次写作课教学中，就学生习作中的常见错误，设计了采用分组竞赛的活动形式：①通过选择四种不同颜色的玫瑰将学生分为了红、黄、蓝、绿四组；②按错误改正题先易后难分两轮竞赛，第一轮在个体层面抢答，第二轮在小组层面必答。评价竞赛并用奖品鼓励，课堂中的氛围会十分轻松活跃。平时沉默寡言不喜欢英语的学生能够主动抢答，这不单是知识的习得，更是能力的突破和锻炼。

（二）借助多媒体资源激活课堂学习意趣

语言交际活动的本质属性决定了其必须依托特定的语境场域，通过环境要素对学生感官系统的多模态刺激，能够有效唤醒其内在的交际需求与认知动能。教师应深度整合数字化教学媒介与课程资源体系，构建动态交互的英语学习场域，这种教学策略的革新不仅体现在技术工具的表层应用，更需通过创设沉浸式语言环境，使学生在多模态信息流的协同作用下，自然生成知识探索的内在驱动力，进而实现从被动接受到主动建构的认知跃迁。

例如，在讲授“Text Green Orchids”之前，教师可以请几位学生分别扮演“Mr Saleem”“his personal doctor”“his engineer”等，录制一段课文视频。上课时学生观看了同学惟妙惟肖的表演，迸发了极大的热情，整堂课学生全神贯注，积极参与，课堂气氛活跃。又如，在进行有关“Martin Luther King”的拓展阅读教学中，教师可以先播放一段著名演说“I had a dream”，学生就会被吸引，激发了学生想要了解他的兴趣，为接下来的教学作了良好的铺垫。此外，在作文讲评课上运用实物投影和其他媒体也能带给学生直接的、直观的印象，所取得的效果是用口头罗列学生的错误或辛苦的板书所无法相比的。英语报纸的合理使用对激发学生学习兴趣也有良好的效果。

（三）助力学生自主性学习效能提升

在英语教育实践中，教师角色需从传统知识传递者向学习引导者转型，将教学重心从单纯的语言知识灌输转向智力开发与自主学习能力培养的双向融合，这一转变要求教师构建以学生为主体的课堂生态，通过创设问题情境、设计探究任务等方式，激发学生主动发现知识缺漏、构建认知冲突的内在动机。在此过程中，教师应着重培育学生的批判性思维品质，引导其突破标准化答案的思维定式，在观点碰撞与协作解难中形成动态知识网络。具体到语言要素的教学实施层面，教师需转变直接呈现语法规则或词汇搭配范式的传统模式，转而构建“方法论优先”的教学范式。例如，在词汇习得环节，教师应侧重训练学生运用词典、语料库等工具进行词源追溯、语义辨析及搭配推导的能力，通过元认知策略的显性教学，帮助学生建立“发现—验证—修正”的自主学习循环，这种转变的本质在于将教学重心从知识符号的静态记忆转向学习策略的动态生成，使学生在掌握可迁移的认知工具过程中，逐步形成适应终身学习需求的自主发展能力。

（四）强化学生自主探究素养培育路径

英语学科课外实践体系对促进学生深度学习具有显著价值，通过组织英语海报创作、短剧编演、多媒体短片制作等项目化活动，学生能够在真实语境中实现语言能力的迁移运用，进而发展知识整合与问题求解能力。教师构建"课内—课外"联动的指导机制尤为关键，系统化的活动设计不仅能够深化学生对课堂知识的内化理解，还可通过任务驱动模式引导学生开展自主探究式学习，形成知识建构与能力发展的良性循环。例如，在教授"The Nobel Prize"之后，教师可以把学生分为四组，并布置四个小课题：① Introduce the founder of the prize； ② Introduce one of the receivers of the prize you are interested in and his achievements；③ How many overseas Chinese scientists have been awarded the prize？ For what they are awarded；④ Analyze why China's native scientists still have no way to get their hands on these awards. 为完成这些课题，学生课后通过到图书馆或上网查阅资料，互相合作，自主探究，在"presentation"时，各组派代表作了精彩的陈述，平时并不显露的潜能，此时发挥得淋漓尽致。通过这一活动，不但又一次激发了学生的学习热情，巩固了课内知识，还培养了自主探究的学习能力，发展了学生的个性。

四、高中英语个性化教学方法的评价

教学评价作为教育活动的核心环节，其本质是通过对教学过程的系统性观测与价值判断，推动教育目标的动态优化与个体发展的可持续性。在语言教育领域，尤其是高中英语教学实践中，传统以标准化测试为主导的评价范式已暴露出明显的局限性——既难以精准刻画学生在语言能力、文化意识、思维品质等维度的差异化表现，又可能抑制教学主体在知识建构过程中的创造性表达。因此，构建基于个体差异的英语教学评价体系，既是落实核心素养培养目标的必然要求，也是破解"千人一面"教学困境的突破口。

（一）差异化评价标准的动态适配机制

语言学生的认知图式与能力发展轨迹具有显著的异质性特征。对于具备高阶语言能力的学生，评价标准应聚焦于批判性思维与学术话语能力的进阶培养。教师可通过设计学术写作任务、辩论赛、跨文化交际模拟等高阶认知活动，采用“阶梯式挑战”策略，要求学生在保持现有优势的基础上，持续突破思维定式的桎梏。例如，在议论文写作评价中，可设置从“观点陈述”到“逻辑推演”再到“文化语境重构”的三级评价维度，促使学生在认知冲突中实现深度学习。针对基础薄弱或学习动力不足的群体，评价机制需转向过程性激励与情感支持。教师可通过建立“成长档案袋”，系统记录学生在词汇积累、语音语调、课堂参与度等微观维度的进步轨迹。在即时反馈环节，应采用“具身化评价”策略，将抽象的语言能力指标转化为可感知的行为表现，此类评价不仅具有认知诊断价值，更能通过情感联结激发学习内驱力。

（二）三维评价体系的协同运作模式

1. 诊断性评价的先导功能

在新课程启动阶段，教师应通过多模态诊断工具构建学生的初始能力图谱。除传统语法测试外，还可引入“语言能力雷达图”测评工具，从听力理解、口头表达、阅读解码、学术写作等八个维度进行可视化呈现。特别需要关注学生的元认知策略使用情况。例如，通过“学习日志分析”技术，识别其在学习计划制订、时间管理、资源利用等方面的优势与短板，这种全景式诊断可以为后续的差异化教学提供精准导航。

2. 形成性评价的实时调适功能

日常教学中的形成性评价应突破“分数中心主义”，转向“证据中心主义”。教师可构建“四维评价矩阵”，即认知维度（知识理解、应用迁移）、技能维度（听说读写）、情感维度（学习动机、合作意识）、策略维度（元认知、资源管理）。通过课堂观察量表、电子档案袋、同伴互评平台等工具，持续收集学生在真实语境中的表现证据。例如，在项目式学习中，教师可设计“过程性评价量规”，涵盖问题界定、信息筛选、方案论证、成果展示等关键节点，实现评价与教学的嵌入式融合。

3. 总结性评价的增值评估功能

期末评价应突破单一纸笔测试的局限，转向“能力本位”的立体化评估。教师可构建“双轨制”评价体系，学术轨道采用国际通用的 CEFR 量表进行能力定位，发展轨道则通过“增值评价模型”量化学生的进步幅度。在具体操作中，可引入“最近发展区达成度”指标，计算学生实际表现与潜能预测值之间的差异系数，从而更科学地评估教学干预的有效性。

（三）多主体协同评价的生态构建

1. 自我评价的元认知培育

教师应引导学生建立“反思日志”制度，通过“3W1H”问题链（What——我学会了什么；Why——为何采用这种策略；What if——如果改变条件会怎样；How——如何迁移应用）促进深度反思，可开发“数字画像”系统，将学生的课堂表现、作业质量、测试数据等转化为可视化成长轨迹，帮助其建立清晰的自我认知。

2. 同伴互评的协作性学习

在小组合作学习中，教师可实施“结构化互评”策略。设计包含“贡献度”“协作性”“创新性”等维度的评价量表，采用“旋转角色”机制确保每位成员都能获得多维度反馈。特别需要建立“评价素养培训”模块，通过示范、演练、反馈的循环训练，提升学生的评价能力。

3. 多元主体参与的立体网络

教师应构建“教师—学生—家长—社区”的四方联动评价机制，家长可通过“家庭语言环境观察表”提供过程性数据，社区专家可参与“项目成果答辩会”进行专业点评，建立“评价争议调解”制度，确保各评价主体的意见都能得到尊重与回应。

总而言之，个性化教学评价体系的构建，本质上是教师对“何为有效学习”这一根本问题的持续追问，它要求教师突破“标准化”的思维定式，以专业智慧洞察每个学生的独特性，以教育情怀守护每个生命的成长可能。当评价不再仅仅是甄别工具，而成为促进学生自我发现、自我超越的镜像时，英语课堂才能真正成为激发潜能、培育素养的精神家园，这种评价范式的转型，不仅关乎教学技术的革新，更指向教育本质的回归——让每个学生都能在属于自己的节奏中，奏响独特的成长乐章。

第二节　高中英语生活化教学方法

一、高中英语生活化教学方法的价值剖析

在高中英语教育体系中，教学实施路径的革新需以学生的认知发展规律与生活经验为逻辑起点。通过构建语言知识体系与生活场景的有机联结，不仅能够消解传统教学模式中语言符号与现实语境的割裂感，更可激活学生的认知图式与情感参与机制，这种教学范式的转型，本质上是对语言习得本质规律的回归——语言作为交际工具，其习得过程必然需要真实语境的支撑与情感动能的驱动。

从课堂生态的维度观察，生活化教学能够重构师生互动的能量场域。当教师以生活事件为载体设计教学情境时，知识传授的线性结构被打破，取而代之的是多模态的对话空间。在此情境中，学生的前概念系统与新知识产生认知冲突与意义协商，这种认知张力促使思维活动保持持续活跃状态。教师作为引导者，其角色从知识权威转向对话参与者，师生在共同构建的“最近发展区”内形成情感共鸣，这种非对称性互动有效规避了传统课堂的单向度灌输，使课堂真正成为思维碰撞的场域。

就学生主体性发展而言，生活化教学创设了自主建构的语言实践场域。教师通过模拟真实交际场景，将语言知识转化为可操作的任务模块，学生在完成任务的进程中经历“输入—内化—输出”的完整认知链条，这种情境化学习模式消解了标准答案的桎梏，学生得以在安全的话语空间内进行意义协商与身份建构，其语言输出的质量与创造性均得到显著提高。更重要的是，这种自主探索过程培养了学生的元认知能力，使其逐渐形成基于语境的语言运用策略。

在动机激发层面，生活化教学通过构建意义关联网络实现内驱力的转化。当教学内容与学生经验世界形成认知联结时，抽象的语言符号便被赋予了情感温度与实践价值，这种关联性学习不仅降低了认知负荷，更通过情感共鸣机制将外在的学习要求转化为内在的价值认同。学生在体验式学习中获得的

成就感与自我效能感，会形成持续的正向反馈循环，最终推动其从工具性动机向整合性动机的质性转变。

二、高中英语生活化教学方法的具体策略

在新课程改革背景下，高中英语教学需突破传统范式，构建以学生为中心的实践体系。生活化教学作为连接语言知识与现实情境的桥梁，其核心在于将语言输入转化为可感知的生活体验，通过情境重构、资源整合与活动创新实现语言能力的内化迁移。以下从教学情境创设、教材资源活化及实践机制构建三个维度展开策略探讨。

（一）情境化教学场域的动态建构

语言习得理论强调语境对意义建构的支撑作用。高中英语课堂需突破教材文本的静态呈现，构建具有认知梯度与情感张力的交互场域。教师可通过“问题链”设计激活学生的经验储备，例如，在教授节日文化主题时，教师以“个人情感锚点—文化符号解码—社会功能阐释”为逻辑主线，先以“Which cultural event triggers your strongest emotional resonance？”引导个体记忆唤醒，继而追问“How do rituals embody collective values？”推动文化内涵挖掘，最终以“If you were to create a new festival，what elements would you integrate？”激发创造性表达，这种递进式问题链既保持认知挑战性，又通过“已知—未知”的联结降低理解难度。

情境创设需注重多模态符号系统的协同运用，在模拟节日场景时，教师可整合视觉符号（节日主题海报）、听觉符号（传统音乐片段）、空间符号（教室环境布置）形成立体化语境。例如，在春节主题教学中，通过播放舞狮视频营造氛围，展示窗花、灯笼等实物教具，要求学生用英语描述视觉元素的文化寓意，这种多感官刺激能有效促进语言表征与文化认知的深度融合。情境的开放性设计应预留个性化表达空间，当学生提出“I’d organize a global food festival to celebrate cultural diversity”等创新构想时，教师应及时转化为教学延伸点，引导其论证节日设计的可行性。

（二）教材资源的再情境化开发

现行高中英语教材蕴含丰富的文化素材与话题资源，其价值实现关键在于建立教材内容与生活经验的双向映射。教师需建立“文本—生活”的转

换机制。例如，在教授未来生活主题时，将教材中的科技预测文本转化为“未来生活提案”项目。学生需结合当下5G技术、智能家居等现实应用，设计包含居住空间、交通方式、能源系统等要素的未来社区模型，并用英语阐述设计理念，这种转化既保持教材内容的知识框架，又赋予其现实问题解决的实践维度。文化比较视角的引入能深化教材资源的价值挖掘，在处理风俗习惯类文本时，教师可设计“文化透镜”分析活动：要求学生对比教材描述的西方婚礼习俗与自身参与的中式婚礼经验，从仪式程序、象征意义、社会功能等维度制作对比图表，并就“How do marriage traditions reflect cultural values？”展开辩论，这种比较性学习既促进语言输出的精准性，又培养跨文化交际的批判性思维。文化比较应避免简单化的优劣评判，而应聚焦文化差异背后的认知模式差异。

（三）实践型学习共同体的构建机制

生活化教学的最终落脚点在于构建“做中学”的实践场域。项目式学习作为重要载体，其设计需遵循“真实性—协作性—反思性”原则。在奥运主题教学中，教师可设计“奥运历史档案馆”项目，学生分组承担不同角色（历史研究员、多媒体设计师、解说员等），通过资料收集、时间轴制作、数字展馆搭建等任务链，最终完成主题为“The Evolution of Olympic Spirit”的多媒体展览。在项目实施过程中，教师需重点指导信息筛选、学术引用等语言规范，以及团队分工、进度管理等协作技能。

评价机制的革新对实践学习具有导向作用，教师应建立“三维评价体系”：①语言维度关注词汇丰富度、句式多样性、逻辑连贯性；②认知维度考察问题解决策略、批判性思维、创新能力；③社会维度评估合作贡献度、观点包容性、成果展示力。实践活动的延伸性设计可强化学习效果，在完成课堂项目后，教师可引导学生进行“成果转化”，如：将奥运历史研究转化为校园广播剧脚本，将未来社区设计投稿至青少年科技创新竞赛，将文化比较成果制作成双语宣传册，这种迁移应用既能够巩固课堂所学，又能够培养社会责任感与创新实践能力。教师应建立学习成果档案袋，定期组织反思性研讨，帮助学生建立“实践—反思—改进”的良性循环。

三、高中英语生活化教学方法的实践路径

在高中英语教学实践中，强化学科知识与现实生活的关联性至关重要。

教师需将课堂教学从多个维度向学生的生活实际靠拢，涵盖教学内容的选取、语言运用的情境、课堂氛围的营造、教学目标的设定、活动形式的创新以及评价体系的优化。通过这种全方位的生活化渗透，推动学生学习模式的革新，让英语课堂成为学生乐于参与且富有生活气息的体验场域，进而有效激活其内在学习动力，提升学习成效，助力学生综合素养的全面提升，达成英语与生活的双向浸润。

（一）巩固生活化英语教学

1. 教学内容与现实语境的深度融合

语言教学作为跨文化交际能力培养的核心载体，其本质属性决定了教学内容必须与现实生活形成有机互动。高中英语课程需突破传统教材框架的束缚，构建以真实语境为锚点的教学内容体系，这种融合不仅体现为词汇语法与日常场景的对应，更需通过语言技能的协同训练，使学生在模拟或真实的交际情境中实现语言能力的内化迁移。当教学内容与学生的生活经验产生共振时，语言学习便从抽象符号的机械记忆转化为具身认知的主动建构。

（1）教材体系的生活化重构

教材作为课程实施的核心载体，其内容编排需兼顾认知规律与社会发展的双重维度。理想的英语教材应构建"三维立体"的内容架构：横向维度涵盖不同文化圈层的典型生活场景，纵向维度贯穿青少年成长过程中的认知发展阶段，垂直维度则延伸至跨学科知识领域的语言应用，这种编排模式要求教材编写者具备三重洞察力，对青少年心理发展规律的精准把握、对时代话语体系的敏锐捕捉、对跨文化交际场景的深度解析。

具体而言，教材应形成"话题链"与"任务群"交织的内容网络。话题选择需突破传统单元制的局限，建立动态更新的主题库，涵盖科技伦理、生态危机、数字公民等时代议题，保留文化比较、人际交往等永恒主题。任务设计则需遵循"最近发展区"理论，从信息获取类基础任务（如菜单解读）逐步过渡到决策制定类高阶任务（如社区规划方案），最终实现批判性思维导向的跨文化对话（如国际会议模拟），这种螺旋式上升的任务链设计，既能维持学习动机的持续性，又能促进元认知策略的发展。

（2）辅助资源的立体化开发

面对教材固有的滞后性与地域局限性，教师应构建"主教材 + 补充资源"的动态资源库，这种资源体系应包含三个层次：①基础层为教材配套的数字化资源（如VR场景库、语音识别系统）；②拓展层为区域特色资源（如地方文化双语读本、企业英语案例集）；③创新层为学生自主生成资源（如校园双语播客、社区服务日志）。三个层次形成“基础保障—特色补充—能力反哺”的良性循环。

在资源开发过程中，需建立“三重筛选机制”，学术性审核确保语言规范，文化性评估规避刻板印象，时效性追踪实现动态更新。随着人工智能技术的渗透，教师应学会利用自然语言处理工具开发个性化学习资源，如基于学生作文语料库生成的纠错系统，或根据学生兴趣图谱推荐的分级阅读材料，这种技术赋能的资源开发模式，使教学内容的更新周期从传统的3～5年缩短至学期级甚至单元级。

2. 课堂情境构建的生活化转向

在基础教育阶段英语课程实施过程中，课堂作为教学主阵地，其情境构建应突破传统语言知识传授的局限性，转向真实语言运用能力的培养。基于建构主义学习理论，教师应将现实生活场景转化为可操作的教学任务，通过创设具有认知冲突与情感共鸣的学习情境，引导学生在解决实际问题的过程中实现语言能力的自然习得，这种教学范式的转型，既是对新课程标准中“任务型教学路径”的深化实践，也是对语言交际功能本质的回归。

任务型教学的核心在于构建“真实任务链”，其设计需遵循认知发展规律与语言习得机制。教学任务的实施应突破传统“准交际”活动的形式化局限，构建包含信息输入、加工处理、意义协商、成果输出的完整语言实践链条。具体而言，教师需依据布鲁姆教育目标分类学，设计涵盖理解、应用、分析、评价、创造等不同认知层级的任务体系，使语言学习从单纯的知识记忆转向高阶思维能力的培养。任务成果的呈现形式应多元化，既可以是书面报告、口头陈述等显性成果，也可以是思维导图、角色扮演等过程性产出。

差异化任务设计是保障全体学生参与度的关键，教师应基于维果茨基“最近发展区”理论，结合学生的语言水平、认知风格、兴趣偏好等个体差异，构建阶梯式任务体系。对于基础薄弱的学生，可设计信息提取类任务，侧重语言形式的识别与理解；对于中等水平学生，应布置信息整合类任务，强化语言运用的准确性；对于学有余力者，则可设置创造性任务，鼓励批判性思维与跨文化表达，这种分层设计既体现教育公平原则，又能激发不同层次学生的潜能发展。

任务评估体系的构建需突破传统单一的评价模式，教师应建立包含过程性评价与终结性评价的立体化评估框架。过程性评价应关注学生在任务完成过程中的协作能力、问题解决策略、思维发展轨迹；终结性评价则侧重任务成果的质量与创新性。教师可采用学生自评、同伴互评、教师评价相结合的多元评价方式，通过评价标准的具体化、可视化，培养学生的元认知能力与反思意识。

3. 教学话语系统的重构策略

教学语言作为知识传递的媒介，其生活化转型要求教师突破专业术语的藩篱，构建具有亲和力与启发性的教学话语体系，这种转型并非简单降低语言难度，而是通过隐喻、类比、故事化等修辞策略，将抽象的语言规则转化为具象的认知图式。具体而言，教师可将语法现象类比为生活常识，将词汇学习融入文化场景，使语言知识获得具身化的理解维度。

教学话语的生活化构建需遵循认知负荷理论，通过信息组织的模块化与情境化，降低学生的认知加工成本。教师可采用“问题链”式引导语，将复杂知识点分解为具有逻辑关联的微型任务；运用“脚手架”式提示语，在学生思维受阻时提供适度支持；设计“悬念式”过渡语，保持学习过程的张力与吸引力，这种话语策略既能维持学生的认知平衡，又能激发其探究欲望。

跨学科话语融合是拓展教学语言功能的重要路径，教师应打破学科壁垒，将英语语言教学与科学探究、艺术鉴赏、社会实践等领域建立有机联系。在讲解科技类文本时，可引入科学实验的流程描述；在赏析文学作品时，可融入艺术表现手法的专业术语；在讨论社会议题时，可借鉴新闻报道的语篇结构，这种跨学科话语实践不仅能丰富语言输入的多样性，更能培养学生的综合素养。

教学话语的情感维度建构是提升学习效能的关键，教师可通过语调变化、肢体语言、情感共鸣等非言语手段，营造积极的学习氛围；运用“情感锚点”策略，将语言学习与学生的生活体验建立情感联结；采用“成长型思维”话语模式，将错误转化为学习契机，这种情感化的话语实践能够有效缓解学生的语言焦虑，增强其学习自我效能感。

（二）优化生活化英语教学

1. 教学目的的生活化

在当代教育体系构建中，生活化教学理念的本质在于重构教育与生活之间的价值联结，这种理念强调，教育过程不应脱离真实生活场域而孤立存在，其终极使命是培育具有生命感知力、社会责任感与价值创造力的完整个体。当文化知识被剥离生活语境进行符号化传递时，其本质属性将发生异化——原本承载人类智慧结晶的知识体系沦为抽象符号的堆砌，既无法激活学生的内在认知需求，也难以转化为解决现实问题的实践能力。

教育的本质属性应回归生活本源，通过三个维度实现个体生命与知识体系的深度融合。在认知发展层面，教育需搭建知识建构与生活实践的桥梁，引导学生在问题解决中理解知识的生成逻辑；在精神成长层面，教育应培育个体对生活美学的感知能力，使其在审美体验中提高生命质量；在社会化进程中，教育需强化个体对生活责任的体认，通过角色实践塑造具有公共精神的现代公民，这种三位一体的教育实践，既是个体实现自我超越的必由之路，也是社会文明延续发展的内在要求。

（1）英语学科育人目标的时代定位

作为基础教育阶段的核心课程，英语教育承载着多维度的社会功能。在全球化进程加速的当代社会，英语已超越单纯的语言工具属性，成为连接多元文明、参与国际竞争的重要媒介。我国高中英语课程改革需立足两个战略维度：既要满足个体发展需求，包括心智成熟、情感完善及终身学习能力培育，又要回应国家发展诉求，通过培养具有国际视野的复合型人才，为经济转型升级与科技创新提供智力支持，这种双重使命的统合，决定了英语教育必须突破工具理性桎梏，构建人文性与工具性并重的价值坐标系。从个体发展视角审视，英语课程具有独特的育人价值。语言学习过程实质是认知图式重构的过程，学生在掌握语音、词汇、语法等显性知识的同时，更需发展跨文化理解能力、批判性思维及自主学习策略，这种能力建构不仅关乎语言技能的提升，更涉及思维方式的革新与价值观念的塑造。当学生能够运用英语进行深度思考、文明对话时，其获得的不仅是语言能力，更是认知世界的多元视角与参与全球治理的实践能力。

从社会发展维度分析，英语教育是提升国家软实力的重要支点之一。在科技革命与产业变革深度交织的今天，国际科技合作、文化交流、规则制定等领域均需要高水平语言人才的支撑。通过系统化的英语教育，既能培养适应全球化竞争的专业人才，也可通过文化互鉴增强民族文化的包容性与传播力，这种双向赋能机制，使英语教育成为连接个体发展与社会进步的关键纽带。

（2）英语课程目标的系统化建构

高中英语课程目标的实现路径，应构建以综合语言运用能力为核心的素养培育体系。该体系以语言技能与语言知识为根基，但突破传统语言教学的局限，将情感态度、学习策略与文化意识纳入能力建构框架，这种立体化设计体现在三个深层逻辑：①语言技能与知识的掌握是基础要求，但需通过真实语境中的运用实现内化迁移；②情感态度作为非智力因素，直接影响学习动机的持续性与学习效果的深化度；③文化意识与学习策略构成能力发展的双翼，文化意识保障语言使用的得体性，学习策略决定学习效能的可持续性。

在具体实施层面，课程目标需实现三个层面的贯通，首先是知识向能力的转化，通过主题语境创设与语篇类型分析，引导学生在理解文本表层信息的同时，挖掘背后的文化内涵与思维模式；其次是策略向素养的跃迁，将认知策略、调控策略等转化为自主学习的元认知能力；最后是能力向价值观的升华，通过跨文化比较培养全球视野，在语言实践中形成文化自信与人类命运共同体意识，这种螺旋式上升的素养发展路径，既符合语言习得规律，也体现了教育立德树人的根本任务。

英语教师需转变角色定位，从知识传授者转变为学习活动的设计者与促进者；英语教学评价需突破标准化测试的局限，建立过程性评价与终结性评价相结合的多元机制；英语课程资源开发需强化真实性原则，通过引入多模态语料与真实交际场景，构建具有生活关联性的学习生态，这种系统变革最终指向一个核心目标——培育能够运用英语进行深度学习、有效沟通与文明对话的现代公民，使语言教育真正成为连接个体成长与社会进步的桥梁。

2. 教学过程的生活化

教学过程的生活化转型，其本质是突破传统工具理性主导的教学范式，构建基于生活世界的意义生成系统。在此框架下，教学不再是预设知识的单向传递，而是师生共同参与的实践智慧生成过程，这种转型需要确立三个核心认知维度：①课程资源的动态整合。教师应突破教材文本的局限，将社会现象、生活事件、文化符号等转化为教学资源，通过情境创设实现知识符号与生活世界的符号互文。②教学关系的主体间性重构。教师角色应从知识权威转向学习共同体中的对话者，通过问题链设计引导学生开展基于生活经验的探究活动，在经验碰撞中实现知识意义的协商建构。③教学时空的延展性突破。课堂边界应向家庭、社区、自然等真实生活场域延伸，形成“生活即课堂”的时空连续体，使知识学习获得具身化的实践根基。从本体论视角审视，教学过程的生活化实质是教育存在方式的哲学转向。当教学被置于生活世界的坐标系中，知识的工具价值与存在价值得以统一。学生在解决生活问题的过程中，不仅获得程序性知识的积累，更经历着价值判断、情感体验、审美创造等完整生命活动的展开，这种教学形态的变革，最终指向的是教育对完整人性的培育，而非片面的认知能力发展。

3. 考试评价的生活化

考试内容的生活化改革，是教育评价从知识本位向素养本位转型的关键突破口，这种转型需要建立双重转化机制，在命题理念层面，应构建“现实问题—学科知识—解决方案”的命题逻辑链，将社会热点、科技进展、文化现象等转化为具有学科特质的测试任务。在能力考查维度，应构建包含认知能力、实践能力、创新能力的三维评价模型，特别关注学生在陌生情境中调动知识解决问题的迁移能力。评价转向的深层逻辑，在于破解传统考试与现实生活的断裂困境。当考试内容过度聚焦符号化知识时，容易催生“高分低能”的异化现象。而生活化命题通过创设真实问题情境，迫使考生调用多元智能进行问题解决，这种评价方式本身即构成深度学习过程。近年高考英语命题的范式演变，恰是这种改革趋势的典型例证，从听力材料中的跨文化交际场景，到阅读文本中的社会议题探讨，再到写作任务中的生活实践模拟，试题设计始终贯穿“用英语做事”的核心理念，这种改革不仅提升了考试的效度与信度，更在无形中引导着教学方式的变革。

4. 教学活动的生活化

教学活动的生活化建构，需遵循“最近发展区”理论，在尊重学生经验连续性的基础上实现认知跃迁，这种设计需把握三个关键原则：①经验唤醒策略。教师应通过前测诊断、生活访谈等方式，精准把握学生的经验图式，设计能够激活已有认知结构的导入活动。②经验改造机制。在知识建构过程中，需设置认知冲突情境，引导学生在新旧经验碰撞中实现概念重构。例如，通过社会调查活动使学生发现日常认知与科学概念的差异，进而推动认知结构的更新。③经验拓展路径。教学活动应设计由近及远、由具体到抽象的认知阶梯，在解决真实问题的过程中，帮助学生将生活经验升华为学科思维。

从建构主义理论视角分析，教学活动的生活化本质是认知发展的文化—历史过程。当教学基于学生已有经验展开时，新知识不再作为孤立的符号存在，而是获得经验根基与文化语境，这种教学形态既避免了灌输导致的认知割裂，又防止了过度建构主义引发的相对主义倾向。学生在经验改造过程中形成的认知结构，既具有个体独特性，又蕴含着人类文化的普遍性特征，实现了个性化学习与社会化发展的有机统一。

第三节　高中英语游戏化教学方法

一、高中英语游戏化教学的主要意义

在高中英语教育体系深化改革的进程中，游戏化教学模式的引入为传统课堂注入了新的活力。该模式通过重构教学场域的互动机制，构建出更具参与性的认知环境，其价值实现路径可从以下几个维度展开系统分析。

在认知体验优化层面，游戏化教学实现了学习动机的内在转化。随着教育信息化 2.0 时代的到来，多媒体资源与数字技术的深度融合为教学创新提供了技术支撑。教师通过整合网络教学平台、虚拟仿真软件等数字工具，能够突破传统教材的内容局限，构建出多模态的教学情境，这种情境创设不仅包含语言知识的显性呈现，更通过角色扮演、情境模拟等游戏化机制，将语法规则、词汇运用等抽象知识转化为可操作的行为范式。学生在参与互动的过程中，其认知负荷通过游戏任务的分解得到合理分配，注意力资源得以聚焦于语言要素的深度加工。多媒体资源呈现的视听刺激与游戏机制设计的即时反馈形成双重激励，使学生在获得知识内化的同时，持续保持积极的情绪体验，这种认知与情感的双重驱动机制，有效规避了传统灌输式教学导致的认知倦怠现象。

在教学效能提升层面，游戏化教学重构了课堂生态的互动结构。基于网络互动平台构建的虚实融合教学空间，突破了传统教室的空间约束与课时限制，从而形成全天候、跨场域的协作学习网络。教师通过设计闯关任务、团队竞赛等协作型游戏框架，将个体学习转化为社会性实践活动。在此过程中，学生既是知识建构的主体，又是互动网络的节点，其认知发展通过与同伴的协商对话、观点碰撞获得多维拓展。教师则转变为学习活动的组织者与引导者，通过实时数据监测系统掌握学习进程，精准实施差异化指导，这种去中心化的互动模式，使课堂时间利用率显著提高，知识传递的双向性特征更加凸显。特别值得注意的是，游戏化评价机制通过积分等级、成就徽章等可视化手段，将学习成果转化为可量化的成长轨迹，这样既强化了学习过程的持续性激励，又为教学诊断提供了客观依据。

从更深层次而言，游戏化教学对英语学科核心素养的培养具有独特价值。在语言能力维度，情境化游戏任务为学生提供了真实交际的演练场域，促进了语言知识的实践转化；在思维品质维度，策略类游戏设计要求学生进行逻辑推理、批判思考，培养了元认知能力；在文化意识维度，跨文化交际主题的游戏情境帮助学生构建多元文化认知框架；在学习能力维度，自主探究型游戏机制促进了元认知策略的内化，这种多维度的育人价值，使游戏化教学超越了单纯的技术应用层面，成为推动英语课程教学改革的重要范式。

游戏化教学的有效实施需要构建系统化的支持体系，教师需具备数字化教学设计能力，能够根据学习目标选择适配的游戏类型；需要建立动态调整机制，根据学生反馈优化游戏规则；更需要构建家校协同的育人环境，避免游戏化元素可能引发的认知异化。

二、高中英语游戏化教学的实施路径

在“互联网 +”教育生态下，高中英语课堂亟须构建以学生为中心的互动式教学模式。游戏化教学作为突破传统课堂单向传授局限的重要策略，其核心价值在于通过情境化、任务化的活动设计，将语言知识转化为可体验、可操作的学习对象。游戏化教学的实施需兼顾课程目标达成与学习体验优化，其设计路径可从教学资源的数字化重构与教学工具的交互性创新两个维度展开。

（一）微课资源的游戏化开发与教学平台构建

数字化教学资源库的建设是实施游戏化教学的基础支撑。微课作为短小精悍的数字化载体，其价值不仅体现在知识点的碎片化呈现，更在于通过视听结合的编码方式重构语言输入场景。在词汇教学场景中，教师可设计“语义网络可视化”微课，利用动态图示呈现词根、词缀的衍生关系，配合“词汇接龙”游戏的闯关机制，使学生在任务驱动中完成词汇量的拓展。在语法教学层面，微课可构建“语法迷宫”情境，将定语从句、虚拟语气等抽象规则转化为可交互的逻辑路径，学生通过角色扮演完成语法规则的解码与运用。教学资源的游戏化呈现需关注认知负荷的动态调节，以“The Million Pound Bank Note”教学为例，教师可设计“角色剧本拆解”微课，将文本分解为多个可重组的叙事模块。学生通过在线协作平台组建表演小组，依据个人语言能力选择台词片段进行个性化演绎。在此过程中，微课不仅承担知识传递功能，更作为社交化学习媒介，支持学生开展多模态输出训练。教师通过后台数据看板监控各小组的进度差异，适时推送“表演技巧微讲座”，实现精准化教学干预。

（二）交互式电子白板的深度应用与游戏机制创新

智能教学终端的普及为课堂游戏化提供了技术赋能的新可能，以希沃白板为代表的交互设备，其核心优势在于支持多模态信息的实时处理与动态反馈。在词汇记忆场景中，教师可利用“聚光灯”功能设计“局部拼图”游戏，将完整单词拆解为字母碎片，学生通过拖拽操作还原词汇形态。该过程融合视觉注意训练与运动记忆强化，较传统抄写练习效率提高显著。在节日文化教学中，“幕布遮罩”技术可创设悬念式导入情境，教师逐步揭示“mooncake”“lantern”等文化符号，引导学生基于已有认知建构节日语义网络。

课堂活动的游戏化设计需注重认知目标的层级递进，针对定语从句等复杂语法点，教师可开发“关系代词迷宫”交互课件，将先行词与关系代词的匹配规则转化为空间导航任务。学生通过控制虚拟角色收集语法线索，在三维场景中完成句法结构的可视化建构。此类活动突破平面练习的认知局限，将抽象规则转化为可操作的实体对象。在教学评价环节，白板系统自动生成的学习轨迹数据可为教师提供过程性诊断依据，如错误类型分布、任务完成耗时等维度，支持个性化辅导方案的制订。

（三）教学场域的游戏化重构与学习效能提升

游戏化教学的本质在于构建具有内在动机驱动的学习生态系统，教师需把握三个核心要素：首先是任务情境的真实性，通过创设“联合国青年论坛”“国际电影节”等主题情境，使语言运用具备实际交际价值；其次是反馈机制的即时性，电子白板的智能评分系统可实现语音识别、语义分析的实时反馈，纠正发音偏差或逻辑谬误；最后是挑战梯度的适切性，设计“基础—

进阶—挑战”三级任务体系，满足不同水平学生的最近发展区需求。在此框架下，课堂空间被转化为动态的知识建构场域，词汇学习从机械记忆转向策略性运用，学生通过“词汇拍卖会”游戏竞拍目标词汇的使用权，在交易过程中理解词汇的语义特征与搭配规律。语法教学突破句法规则的静态讲解，在“侦探推理”游戏中，学生需运用时态知识分析案件线索，通过虚拟证据链的搭建完成语法形式的动态生成，此类设计将语言知识转化为可操作的问题解决工具，有效促进陈述性知识向程序性知识的转化。

游戏化教学模式的实践创新，实质是教育技术理性与人文关怀的深度融合。教师作为学习设计师，需在技术工具的合理运用与教育本质的坚守之间寻求平衡。未来研究可进一步探索游戏化教学的认知神经机制，通过眼动追踪、脑电监测等技术手段，揭示游戏情境下语言习得的大脑激活模式，为教学策略的优化提供科学依据，这种将技术赋能与教育本真相结合的探索，或将为高中英语课堂的范式转型开辟新的可能路径。

第四节　高中英语小组合作教学方法

一、高中英语小组合作教学方法的核心效能

在高中英语学科教育体系内，小组合作教学模式凭借其独特的组织形式与互动机制，逐渐成为突破传统教学范式的重要实践路径。高中英语教学需要以生为本，教师需要正确引导和渗透教学内容，从而达到实际教学目标[①]。高中英语小组合作教学方法通过重构课堂生态结构，实现了知识传授向素养培育的范式转换，其效能主要体现在以下几个维度。

（一）课堂生态的动态重构与活力激发

小组合作教学通过构建多模态互动场域，有效突破了传统讲授式课堂的静态局限。在具体实施过程中，教师通过设计结构化任务链，将语言知识转

① 魏丽．合作学习在高中英语课程中的实施分析［J］．福建茶叶，2019，41（12）：126.

化为可操作的实践载体。例如，角色扮演任务要求学生基于特定情境进行对话建构，这不仅需要调用语法规则与词汇储备，更需通过非语言符号实现意义协商；调查研究项目则引导学生运用批判性思维分析真实语料，在信息筛选与整合过程中形成个性化认知框架。此类任务设计使课堂空间转化为语言实践场域，学生在肢体参与、语言输出与思维碰撞中实现认知跃迁。

动态化课堂生态的构建，本质上是将“教师中心”的权威结构解构为“学生中心”的分布式认知网络。当学生在小组内部分工协作时，其认知负荷通过角色分配得到优化配置，语言产出机会因互动频次的增加而显著提升。更关键的是，这种非对称性互动模式为不同语言水平的学生提供了差异化发展路径——能力突出者通过担任协调者角色深化元认知能力，基础薄弱者则在同伴支持中获得安全感与参与感，最终形成良性循环的课堂生态。

（二）主体性觉醒与自我效能感培育

任务型学习框架为学生提供了真实的问题解决情境，这种情境化学习体验是重塑学习认知的关键要素。在小组合作中，每个成员都被赋予特定的功能角色，如信息检索员、观点整合者、成果汇报人等，这种角色分工使个体价值在集体目标达成过程中得以具象化呈现。当学生通过协商完成共同任务时，其认知成果不仅获得同伴认可，更在反思性实践中内化为自我认知。自我效能感的建构具有双重属性，在横向维度上，学生通过观察比较发现自身优势领域，形成积极的自我概念；在纵向维度上，阶段性成果的达成使学生体验到能力增长的连续性，进而产生持续投入的内在动机。值得注意的是，教师在此过程中需建立过程性评价体系，重点考查学生的参与深度而非结果完美度，通过发展性反馈强化其成长型思维模式。

（三）社会性能力发展的协同培养机制

小组合作教学模式本质上构建了微型社会生态系统，其中蕴含着竞争与合作这对辩证关系的实践场域。在组内协作层面，学生需要运用策略性沟通技巧实现观点整合，这涉及冲突调解、意见折中、责任共担等复杂的社会认知过程；在组间竞争层面，各小组通过成果展示与互评形成良性竞争态势，这种竞争压力经由合作机制转化为集体创新动力。二元互动结构为学生提供了社会能力发展的双螺旋阶梯：在合作维度上，通过角色互换与责任轮值培养共情能力与团队领导力；在竞争维度上，通过目标导向的任务设计激发成就动机与创新思维。更深远的影响在于，这种社会化学习经历使学生逐渐形成对集体荣誉的认知图式，在追求小组利益最大化的过程中实现个体社会化发展。

上述效能的实现依赖教学设计的系统性与实施过程的动态调适，教师应精准把握任务难度梯度，构建“最近发展区”内的挑战情境；建立多元评价体系，兼顾语言能力、合作态度、创新思维等多维指标。

二、高中英语小组合作教学方法的组织形态

在高中英语课堂教学体系中，小组合作教学模式作为构建互动型课堂的核心载体，其组织形态的多样性直接关系教学目标与认知规律的适配度。教师应基于教学内容的认知层级与能力发展需求，系统设计差异化的协作学习框架，以实现语言输入与输出的动态平衡。以下从教学单元的功能定位出发，系统阐释三种典型的小组协作形态及其教学实现路径。

在基础语言技能训练维度，双人协作模式具有显著的结构化优势。该模式特别适用于口语交际能力的初级建构阶段，其核心价值在于通过高频互动实现语言形式的即时修正与内化。以“Speaking”教学板块为例，该单元模块的交际场景设计具有鲜明的情境化特征，双人对话结构能够有效聚焦特定交际意图的表达训练。在此过程中，学生通过角色分配与信息差设计，可自然激活语言生成机制，借助同伴的即时反馈完成语音语调、句法结构等显性知识的调试。微观协作单元不仅符合语言习得的社会交互理论，更能通过降低认知负荷来促进语言自动化的实现。

当教学重心转向语法规则的显性教学时，3 人或 4 人协作模式展现出独特的认知优势。该组织形态特别适用于时态系统、虚拟语气等抽象语法现象的教学转化，其机制在于通过多元视角的碰撞实现对规则的深层理解。在此类协作中，语法规则不再是静态的陈述性知识，而是转化为可操作的程序性知识。小组成员通过概念辨析、例句分析、错误诊断等协作任务，逐步构建语法规则的表征体系，这种中观协作单元既能避免个体认知局限导致的理解偏差，又能防止大规模讨论产生的认知过载，使语法教学在形式操练与意义协商之间达成平衡。

在篇章理解与综合运用层面，6 至 8 人协作模式构建了更具包容性的认知生态系统。该模式特别适用于长文本的深度解读与跨学科主题探究，其核心在于通过分工协作实现文本意义的协同建构。在实施过程中，小组可围绕文

本主旨、结构特征、修辞手法等维度展开专题研讨，教师通过设计开放性问题链引导讨论走向纵深，该模式为同伴互评提供了结构化框架，学生在答案校对、解题策略分享等活动中，既能发展批判性思维，又能通过社会比较机制实现元认知监控。宏观协作单元需要教师建立清晰的流程规范与评价标准，以防止讨论偏离主题或陷入低效状态。

上述三种协作形态在课堂实践中并非孤立存在，而是构成动态的递进关系。双人协作奠定语言基础，三人协作深化语法认知，六至八人协作拓展综合运用，三者共同构成完整的语言能力发展链。教师在具体实施中需把握三个原则：①协作目标与认知发展阶段相匹配，避免任务难度与协作规模错位；②角色分工与能力水平相适应，确保每个成员都能获得有效参与；③评价机制与协作过程相耦合，既关注最终成果，又重视思维可视化的过程性表现，只有这种系统化的协作设计，才能真正实现从语言知识传授到语言能力生成的跨越。

三、高中英语小组合作教学方法的关键考量

在高中英语课堂中实施小组合作教学模式时，为保障教学活动的有效性与学生个体发展的均衡性，教师需在实践过程中着重关注以下三个维度的策略优化，这些策略不仅关乎教学流程的规范性，更涉及学生学习心理的引导与团队文化的塑造，是推动小组合作学习从形式化走向实质化的核心要素。

在教学活动调控层面，教师需建立多维度的过程管理机制。纪律管控并非简单维持课堂秩序，而是要构建动态平衡的互动生态，既要防止个别学生过度主导讨论，又要避免出现群体性参与断层。时间分配需要兼顾任务推进的节奏感与思维深化的延展性，既要保证基础性任务的完成质量，又要为创造性表达预留弹性空间。参与度调控需突破传统“全员发言”的机械要求，通过设置差异化角色任务（如记录员、汇报员、质疑者）实现隐性参与，使不同性格特质的学生都能在小组中找到价值支点。氛围营造则需把握竞争与协作的平衡点，既要通过适度竞争激发学习动力，又要防止过度比较导致心理压力，可通过建立“成长型评价”体系，将评价焦点从结果转向过程，从个体转向团队。

小组长培育机制的建设需要系统化设计，优秀的小组长并非天然存在，而是需要通过阶梯式培养体系逐步塑造。在选拔阶段，应构建多维评估模型，综合考量学生的领导潜能、沟通技巧与学科素养，避免单纯以成绩作为唯一

标准。能力培养需包含三个维度：组织协调能力（如任务拆解、进度把控）、冲突调解能力（如观点分歧时的引导艺术）、文化塑造能力（如小组公约的制定与践行）。在实践指导层面，教师可通过“影子计划”让小组长参与课堂管理，在模拟情境中积累经验；通过“案例复盘”对小组活动进行过程性诊断，帮助其建立元认知能力；通过“跨组交流”拓宽其管理视野，形成良性竞争氛围，这种立体化培养模式既能避免小组长陷入“事务性执行者”的困境，又能防止其产生“权威化倾向”，从而真正成为小组发展的核心驱动力。

学生参与动机的激发需要构建多层次激励体系，针对学业优势群体，需突破“知识垄断”的思维定式，引导其理解“教学相长”的深层逻辑。教师可通过认知重构策略，帮助学生认识到知识输出的认知收益，当其作为“认知脚手架”协助同伴时，不仅需要完成知识的结构化重组，更要在解释过程中发现自身认知盲区；同伴的质疑性提问往往能触发高阶思维，这种“被迫深度思考”的过程恰恰是突破学习“瓶颈”的关键。对于学业困难群体，则需要建立“去标签化”的心理支持系统。教师可通过“能力可视化”策略，将学习进步分解为可观测的微指标（如参与频次、问题提出质量），配合“成长档案袋”的动态记录，帮助学生建立正向自我认知；构建“安全失败”的课堂文化，允许学生在小组中以“学生”而非“失败者”的身份存在，通过同伴互助实现认知补偿，逐步消解“习得性无助”的心理机制。

上述的策略实施需要形成动态耦合的协同效应，有效的过程管理为小组长培育提供实践场域，成熟的小组长队伍又能反哺活动调控的精细化程度；而学生参与动机的持续激发，则需要建立在规范的管理机制与有力的领导支持基础之上，这种系统化的策略设计，本质上是对传统教学组织形式的解构与重构，其核心价值在于通过制度创新释放学生的学习潜能，在协同共生的教育生态中实现知识建构与人格发展的双重目标。

第五节　高中英语互动探究式教学方法

互动探究式教学方法是一种富有活力和启发性的教学方式，近年来在教育领域备受关注。随着高中英语教学革新的深入发展，提出了要培育发展学生的参与性、合作探究性等学科核心素养，推动学生成为经济社会发展需求的综合性人才，高中英语教师要深入学习互动探究式教学方法的原理和实施策略，以此促进学生的自主学习能力、批判性思维能力和团队合作精神，进而提高英语整体教学质量和学生成绩，为学生美好未来助力[①]。

一、高中英语互动探究式教学方法的特点

互动探究式教学方法作为一种革新性的教学范式，其本质在于构建以学生为中心的认知建构体系，该模式突破了传统知识单向传递的窠臼，通过创设动态化学习场域，引导学生在问题解决过程中实现知识内化与能力跃迁，其核心特质体现为认知主体性重构、教学关系转型、协作机制创新及思维品质提升四个维度的有机统一。

在认知主体性层面，高中英语互动探究式教学实现了从被动接受到主动建构的范式转换。在传统教学框架下，学生常处于知识容器的被动地位，而互动探究式教学通过设计阶梯式探究任务，赋予学生认知主体的地位。学生在情境化问题驱动下，经历假设提出、证据收集、逻辑推演、结论验证的完整认知链条，这种认知过程不仅涉及表层信息的获取，更强调对语言现象背后文化逻辑的深层解构。学生在持续的意义协商中，逐步构建起具有个体特征的知识图式，实现从符号解码到意义生成的认知跃迁。

教学关系的重构体现为教师职能的转型与深化，教师角色从知识权威转向学习设计师与认知脚手架搭建者，其核心任务在于创设具有适度认知冲突的探究情境，这种情境设计需要兼顾挑战性与可及性，既需要突破学生的“最近发展区”，又要确保其通过协作探究能够达成目标。教师在探究过程中扮演着元认知引导者的角色，通过提问策略、认知冲突激发等手段，促进学生元认知能力的发展，构建支持性反馈系统，在肯定学生探究成果的同时，引导其进行反思性修正。

协作学习机制的构建强化了社会性认知的维度，在探究任务驱动下，学生形成异质化学习共同体，通过角色分工、资源共享、观点交锋实现认知协同，这种协作过程超越了简单的信息交换，更强调在协商对话中达成共识性理解。学生在观点碰撞中学会倾听不同认知视角，在批判性评价中完善自身

① 曾育梅．互动探究式教学方法在高中英语教学中的应用［J］．高考，2024（20）：70.

认知框架。协作过程不仅促进了语言交际能力的提升，更培养了学生在多元文化语境中的社会情感能力。

思维品质的培育是该模式的终极价值追求，探究过程本质上是高阶思维的外化实践，学生需运用分析、综合、评价等认知技能对语言现象进行解构与重构。在问题解决过程中，批判性思维表现为对既有认知模式的质疑与超越，创造性思维则体现为非常规解决方案的生成，这种思维训练具有明显的迁移价值，能够使学生在面对复杂语言情境时，展现出更强的适应性与创造性。更重要的是，思维品质的提升与学习策略的发展形成良性互动，为终身学习能力的形成奠定基础。

高中英语互动探究式教学通过构建认知主体性、优化教学关系、深化协作机制、提升思维品质的有机体系，实现了语言教学从工具性目标向人文性目标的转型，这种转型不仅回应了核心素养时代对人才培养的新要求，更为语言教育范式的革新提供了实践路径，其本质在于通过认知过程的重构，促进学生在语言能力发展的同时，实现思维品质、文化意识、学习能力的协同提升。

二、高中英语互动探究式教学方法的意义

互动探究式教学模式在高中英语课堂的实践应用，突破了传统单向知识传递的局限，构建起以学生为中心的认知建构体系，高中英语互动探究式教学方法通过创设问题情境与协作学习环境，系统化地促进学生思维品质、社会能力、学习动力及语言实践能力的协同发展，其教育价值可从以下维度展开论述。

（一）思维认知结构的深度重塑

互动探究过程本质上是以问题为导向的思维训练场域。在任务驱动的学习框架下，学生需经历“问题识别—信息整合—逻辑推演—批判反思”的完整认知链条，这种非线性的思维活动促使学生突破表层记忆，转向对语言现象的本质探究。当学生面对真实语境中的语言障碍时，需调动元认知策略进行自主纠偏，在概念辨析与逻辑论证中形成批判性思维框架。值得注意的是，思维品质的进阶并非线性累积，而是通过“试错—修正—重构”的螺旋式发展实现的，这种认知冲突的持续生成，正是深度学习发生的标志。

（二）社会性协作能力的系统培育

互动探究的课堂生态重构了传统师生关系的权力结构，形成多元互动的协作网络。学生在完成项目任务时，需经历角色定位、资源分配、冲突调解等社会化过程，这种协作情境为发展社会情感能力提供了实践场域：在观点交锋中学会倾听与共情，在任务分解中理解责任边界，在成果整合中建立集体认同。特别值得注意的是，小组动力机制中的“最近发展区”效应，使不同认知水平的学生在互助中实现共同提升，这种协作学习产生的认知剩余，远超个体独立探索的效能总和。

（三）内在学习动机的持续激活

互动探究模式通过“做中学”的体验式设计，重构了学习意义的生成机制。当学生从被动接受者转变为主动建构者时，知识获取过程便被赋予了个人意义。在自主探究中获得的成就感，与在协作中体验的归属感，共同构成了持续的学习驱动力，这种动机转化具有明显的认知发展特征，初期表现为对任务挑战的兴趣满足，中期发展为对知识发现的内在渴求，最终升华为对语言文化的价值认同。动机系统的这种质性转变，标志着学生从“要我学”到“我要学”的认知跃迁。高中英语教师要基于主题意义探究，设计学习理解、应用实践和迁移创新三个递进式读写活动，力促读写一体，引导学生对主题语篇深度阅读，并作出积极回应，学生在阅读前、中、后实现主题意义建构，开展读写活动，发展语言能力与多元思维，厚植英语学科核心素养[①]。

（四）语言综合运用的情境化发展

互动探究为语言学习提供了真实的意义协商空间，在任务情境中，学生需调动语言储备完成交际目标，这种“用语言做事”的过程，使语言形式与功能实现有机整合。对话协商中的即时反馈机制，促进了语言输出的精准度与得体性；小组合作中的观点表达，推动了学术语言的规范化发展；成果展示中的多模态呈现，则拓展了语言运用的创造性维度。特别在跨文化交际情境中，学生通过角色扮演与文化比较，不仅提升了语言能力，更发展了文化理解与包容的素养。

① 杨云，史惠中．基于主题意义探究的高中英语读写活动设计［J］．教学与管理（中学版），2020（4）：42.

高中英语互动探究式教学方法的教育价值，本质上是将语言学习转化为认知发展与社会化过程的统一体，它突破了工具性语言训练的局限，通过构建认知冲突与社会互动的双重场域，使学生在知识建构、能力发展、情感培育的三维空间中实现全面发展，这种以学生为中心的教育实践，正契合了核心素养时代对人才培养的根本诉求。

三、高中英语互动探究式教学方法的策略

（一）任务设计的认知驱动与思维进阶

在高中英语课堂实施互动探究式教学时，任务设计需突破传统机械训练模式，转向以高阶思维培养为核心的认知建构过程。教师应基于学科核心素养框架，构建具有认知梯度的探究任务体系。此类任务应兼具开放性与结构性，既为学生提供自主探索空间，又通过任务链设计实现思维进阶。例如，在“Computers”主题教学中，教师可设计“技术影响分析矩阵”，要求学生从经济、伦理、文化三个维度建立分析框架，通过跨学科视角解构技术变革的多维影响。

任务实施过程中需建立动态反馈机制，教师可运用“概念图”工具引导学生可视化思维过程，通过节点连接与层级划分呈现知识建构轨迹。当学生出现认知冲突时，教师可采用“苏格拉底式提问法”，推动学生突破思维定式，这种深度对话模式有助于培养元认知能力，使学生在批判性反思中实现知识内化。任务成果展示环节应构建多维评价体系，除传统口头报告外，教师可引入“学术海报展示”形式，要求学生以可视化方式呈现研究过程与结论。评价标准应涵盖信息整合度、逻辑严密性、学术规范性等维度，设置“同伴提问—答辩”环节，通过学术对话深化主题理解，这种评价机制既可考查学生的知识掌握程度，又关注学术素养的培养。

（二）互动场域的建构主义改造

互动学习环境的营造需突破物理空间限制，构建虚实融合的认知共同体。在“Cultural relics”单元教学中，教师可搭建“数字文化遗产博物馆”虚拟平台，整合 3D 文物模型、专家讲座视频、学术数据库等资源，形成立体化学习场域。学生可借助 AR 技术实现文物细节观察，通过虚拟策展实践提升信息组织能力。

角色扮演活动需进行深度设计，教师可创设“联合国教科文组织文化遗产保护峰会”情境，要求学生分别扮演政府代表、考古学家、原住民代表等角色，就特定文化遗产的保护方案展开辩论。角色脚本设计需包含立场陈述、证据支持、反驳策略等要素，通过模拟真实学术对话培养辩证思维能力。活动过程中需配备“观察员”角色，记录各小组的论证逻辑与语言运用表现。个性化学习支持需依托智能教育系统，教师可利用学习分析技术追踪学生的互动轨迹，通过语义网络分析识别知识盲区，为不同认知水平的学生推送定制化学习资源。例如，对文化背景知识薄弱的学生推送专题纪录片，对批判性思维能力有待提升的学生提供学术文献导读，这种精准化支持有助于实现差异化发展。

（三）游戏化学习的认知重构机制

互助式游戏活动需遵循“认知脚手架”理论进行系统设计，在“Body language”单元教学中，教师可构建“非言语交际能力发展模型”，将游戏设计为“观察—解码—编码—反馈”四个阶段。初始阶段设置“肢体语言猜谜”基础游戏，通过简单动作模仿建立概念认知；进阶阶段引入“跨文化交际情境模拟”，要求学生在特定文化场景中准确运用肢体语言；终阶阶段开展“学术辩论擂台”，就肢体语言的普适性与文化特异性展开论证。游戏实施过程需嵌入形成性评价，教师可设计“游戏表现评估量表”，从动作表现力（肢体控制精度）、语义传达度（意图传达准确性）、文化适配性（情境适应性）三个维度进行量化评分，建立“成长档案袋”，记录学生在不同游戏阶段的技能提升轨迹，这种过程性评价有助于学生建立自我效能感，形成持续改进的学习动力。游戏后的反思机制需深化认知层次，教师可组织“游戏复盘工作坊”，引导学生通过“5W1H 分析法”（Who/What/When/Where/Why/How）重构游戏体验，特别要关注“文化误读案例”的深度剖析，通过对比不同文化群体的肢体语言差异，培养文化相对主义视角，这种反思性实践有助于学生文化理解的认知跃迁。

第三章　高中英语教学方法的多元视野

高中阶段的英语教学不仅是语言知识的传授，更是培养学生跨文化交流能力、思维品质与综合素养的关键时期。随着教育理念的不断更新，高中英语教学方法也在经历深刻的变革。本章将从多个视角探讨高中英语教学方法，内容涵盖课程改革背景下的高中英语教学方法；核心素养背景下的高中英语教学方法；基于大单元视角的高中英语教学方法；基于积极心理学的高中英语教学方法。

第一节　课程改革背景下的高中英语教学方法

新课程改革对高中英语教学提出了新的要求，强调培养学生的语言运用能力、自主学习能力和跨文化意识。在新课程改革的推动下，高中英语教学不再是知识的简单传递，而是为了激发学生的创新精神，培养学生的实践能力和跨文化交流意识[①]。课程改革背景下的高中英语教学方法主要包括以下几个方面的内容。

一、灵活运用教材资源，拓宽单元教学内容

在课程改革不断推进的当下，高中英语教材作为教学活动的核心载体以及学生获取英语知识的关键工具，其重要性不言而喻。然而，教材并非一成不变的教条，教师应当秉持灵活运用教材资源的理念，致力于拓宽单元教学

① 杨得鑫．探究课程改革背景下的高中英语教学方法与策略［J］．教育，2024（6）：97.

内容，以适应新时代教育发展的需求。

教师对教材内容的深入理解是灵活运用教材资源的基础。只有充分把握教材的编写意图、知识结构以及各单元之间的内在联系，才能根据学生的实际情况和需求，对教材内容进行合理的调整。在教学实践中，教师应重视每一单元教学的预备环节，这是整合与补充教材内容的关键时机。通过对教材内容的梳理与分析，教师可以发现其中的逻辑脉络，从而有针对性地进行内容的增补与删减，使其更贴合学生的认知水平和学习进度。

教材中的各个模块并非孤立存在，听力、阅读、写作等环节相互关联、相互促进。教师可以根据教学目标和学生的实际水平，对这些环节进行有机整合与灵活调整。例如，将听力材料中的语言点与阅读文本中的语法结构相结合，引导学生在不同语境中加深对语言知识的理解；或者将写作任务与阅读内容相联系，让学生在模仿与应用中提升写作能力，这种整合不仅有助于提高教学效率，还能使学生在综合运用语言的过程中更好地掌握英语知识。

此外，学生的实际情况和兴趣爱好也是教师在教学中不可忽视的因素。教师可以适当引入课外资源，如英语新闻、电影、歌曲等，这些资源能够为学生提供更加丰富多样的语言输入，拓宽学生的视野，激发学生的学习兴趣。英语新闻可以让学生了解国际时事，培养跨文化交际意识；电影和歌曲则以其生动的情节和优美的旋律，吸引学生的注意力，使学生在轻松愉悦的氛围中感受英语的魅力，增强对英语学习的情感认同。

需要注意的是，教材中每个单元都构建了特定的情境和语境，这是教师可以充分利用的课堂教学资源。教师可以借助这些情境和语境，整合教材中的语法和词汇，设计有针对性的练习活动。通过创设真实或接近真实的语言情境，让学生在情境中运用语言，有助于学生更好地理解和掌握语言知识，提高语言运用能力。同时，教师还可以引导学生进行拓宽性学习，鼓励学生阅读英语原版书籍、观看英语版电影等。这些课外活动不仅能够丰富课堂教学内容，还能为学生提供更广阔的学习空间，让学生在自主学习中不断提高英语水平，进一步调动学生的课堂参与热情，使学生从被动接受知识转变为主动探索知识。

二、创设多感官语境，激活学生语言的感知

在高中阶段，英语学习在词汇量、语法复杂性以及篇章理解要求等方面

相较于初中阶段有了显著提升，这种提升意味着教学过程若直接展开，可能会显得较为生硬，学生在学习过程中可能会面临更多挑战，进而影响课堂教学效果。因此，高中英语教学需要注重激活学生对英语语言的感知能力，使学生能够将英语视为一种生动形象的语言，而不是枯燥无味的文字。

为了实现这一目标，教师可以通过创设多感官语境来激活学生的语言感知。具体而言，教师可以利用多种感官渠道，将英语知识融入特定的语境之中。在视觉方面，教师可以展示色彩鲜艳、内容丰富的图片，这些图片能够吸引学生的注意力，激发学生的想象力，使学生通过视觉感知来理解英语词汇和语句。在听觉方面，播放旋律优美、节奏明快的英语歌曲，可以帮助学生在轻松愉悦的氛围中感受英语的韵律和节奏，增强对英语语音和语调的敏感度。此外，教师还可以通过实物演示，让学生通过触觉感知来加深对英语词汇和概念的理解。例如，通过触摸实物，学生可以更直观地理解与之相关的形容词和动词，从而更好地掌握语言知识，这种方法不仅能够增强学生对英语的敏感度和兴趣，还有助于培养学生的英语语感和表达能力。通过多感官的刺激，学生能够在不同的语境中感知和运用英语，从而提高语言的综合运用能力。这种教学策略的实施，需要教师精心设计教学活动，确保各种感官元素的有机结合，以达到最佳的教学效果。教师可以根据教学内容和学生的实际情况，灵活选择和运用不同的感官材料，使课堂教学更加生动有趣，富有吸引力。

例如，教师教学“Viewing Workshop：Amelia Earhart”（观看工作坊：阿梅莉亚·埃尔哈特）的相关内容，教师需要深入挖掘课程内容，创设多感官学习语境，将视频语篇的特性与学生的需求紧密结合，从而调动学生的各个感官，促进从低阶思维的信息理解向高阶思维的提升以及深层主题意义的挖掘。

在课程设计的初始阶段，教师需对学生进行背景知识的铺垫，介绍阿梅莉亚·埃尔哈特的主要生平事迹与成就，并阐释相关词汇，使学生能够初步理解埃尔哈特的经历及其关键词。通过提问“关于埃尔哈特，你们想知道什么？”引导学生分享他们对埃尔哈特感兴趣的问题，并基于已知信息对视频内容进行预测，这一过程不仅能够调动学生的思维感官，还能激发他们的学习主动性，运用预测认知策略，搭建起已有知识与新知识之间的学习通道。

随后，教师可充分利用现代信息技术手段，如大屏幕播放视频，让学生在初步观看中整体把握视频大体意思，并验证之前的预测。在此基础上，教师可以引导学生利用平板电脑等数字化工具进行自主观看。学生可以根据自身的学习水平选择适合的学习材料，如英文字幕或无字幕视频、原速或慢速播放等，以自主或合作的方式深入理解视频内容，探究主人公的生活经历、选择与发展，这种教学方式能够有效引导学生调动思维、感觉、视觉和听觉等多种感官，进行预测、探知、观察与理解。学生通过视觉与听觉的协同作用，将视频中的信息转化为自身的知识认知，从而培养他们在特定语境中的多感官互动能力，实现听（视频旁白）、看（视频）、读（图文）的有机融合。

在课后作业设计方面，教师可以布置任务："为报纸专栏'女性先锋'介绍 Amelia Earhart。"这一作业要求学生将阅读、听力与写作相结合，实现从课堂知识输入（视听）到输出（写作）的升华。通过完成作业，学生不仅能够学习到他人对人生和职业的选择。前述多感官语境的创设，能够有效激活学生的语言感知能力，提高他们的学习兴趣与参与度，丰富课堂教学内容，调动学生的课堂参与热情，从而实现课堂教学效率的质的提高。

需要注意的是，教师在教学过程中还需关注学生的个体差异，并根据学生的不同学习风格和能力水平，提供个性化的指导与支持。对于学习能力较强的学生，教师可以引导他们深入分析视频中的语言表达、文化内涵以及人物精神品质；对于学习能力相对较弱的学生，教师则可以提供更多的辅助材料和指导，帮助他们逐步理解视频内容。通过这种方式，教师能够确保每个学生都能在多感官语境中获得有效的学习体验，提升他们的英语综合运用能力。

三、引导多语篇阅读，丰富语言知识的储备

在当前高中英语课程改革的背景下，培养学生扎实的阅读能力和丰富的语言知识储备已成为教学的核心目标之一。为了实现这一目标，教师需要摒弃传统的教学模式，转而注重学生自主学习能力的培养以及思维能力的发展。在此背景下，引导学生进行多语篇阅读作为一种创新性的教学方法应运而生，其旨在满足课程改革的要求，促进学生在英语学习上的全面发展。

多语篇阅读的实施为学生提供了接触多种文本类型和不同主题文章的机会，这不仅拓宽了学生的阅读视野，也使他们能够接触到更为丰富的词汇、语法结构以及语篇知识，这种多样化的阅读体验对于学生语言知识储备的扩充起到了至关重要的作用。通过广泛阅读，学生能够在不同语境下反复接触

和运用语言知识，从而加深对词汇和语法的理解与记忆，进而有效提升其阅读理解能力。此外，多语篇阅读还有助于学生学习和模仿不同的表达方式，这对于提高他们的语言表达能力同样具有不可忽视的积极影响。

在培养学生自主学习能力方面，多语篇阅读同样发挥着关键作用。通过引导学生自主选择阅读材料，教师能够帮助学生学会根据自己的兴趣、学习水平和学习目标挑选合适的文本。这一过程不仅能够激发学生的学习兴趣，还能培养他们的自主学习意识和能力。同时，教师可以指导学生掌握有效的阅读策略，如略读、精读、预测、推断等，使学生能够在阅读过程中更加高效地获取信息。此外，学生在阅读过程中积累的语言知识和阅读经验将进一步增强他们的自主学习能力，使其能够在未来的学习中更加独立地探索和学习。

从思维能力培养的角度来看，多语篇阅读为学生提供了深度阅读和分析不同文本的机会。通过深入探究文本的结构、主题、作者意图以及文化背景等，学生能够逐渐培养起批判性思维、分析能力和综合归纳能力等高层次思维能力。这种深度阅读不仅有助于学生理解文本的表面意义，更能引导他们挖掘文本的深层含义，从而提升学生对英语语言运用规律和特点的深刻理解。在此过程中，学生能够学会如何从不同角度思考问题，如何对信息进行筛选和整合，以及如何形成自己的观点和见解。这些能力的培养对于提升学生的英语综合素养和学习能力具有深远的意义。

第二节　核心素养背景下的高中英语教学方法

核心素养作为体现学生综合能力的一种素养，它包括了学生学习情感、理解能力，通过对学生核心素养进行培养，使学生能够更好地面对和适应社会发展，在学习过程中更好地感悟英语的魅力，从而培养更多的优秀英语人才①。

在当今教育体系中，培养学生的核心素养已成为教育的重要目标。核心素养的培养不应仅局限于学生的考试成绩，而应更全面地关注学生对学科知

① 蒲伯佐．核心素养下的高中英语教学方法［J］．读写算，2023（11）：119.

识的理解与掌握，以及他们在其他各项能力上的发展，这种全面发展的教育理念旨在为学生未来的学习和生活奠定坚实的基础，使他们能够在未来的学习和工作中具备更强的适应能力和竞争力。在核心素养的背景下，教师的角色不再仅仅是知识的传授者，而是学生学习方法的引导者。教师需要通过有效的教学策略，帮助学生掌握自主学习的能力，构建系统的英语知识体系。这种能力的培养不仅能够加深学生对英语语言的理解和认识，还能使他们在面对复杂的语言问题时具备更强的应对能力。因此，教师在教学过程中应注重培养学生的自主学习能力，引导他们通过多种途径获取知识，形成独立思考和解决问题的能力。针对核心素养背景下的高中英语教学方法需要注意以下几个方面。

一、构建活动导向课堂，激发学习能力

在“核心素养”导向逐步深入高中英语教学实践的今天，教师的教学观念、课堂组织形式和教学内容设计都面临着重新构建的挑战与机遇。高中英语教学在传统“讲解—操练—测验”的模式之外，亟须引入更具开放性与探究性的教学方法，以满足学生在语言能力、学习能力、思维品质和文化意识等方面综合发展的目标。而开展以学生为中心、任务为驱动、语言运用为核心的课堂活动，则成为实现这一转变的重要抓手。通过科学的活动设计与系统的实施策略，教师不仅能够有效激发学生的学习兴趣，还能够引导学生在真实语境中提升学习能力，逐步迈向学科核心素养的全面建构。

（一）以学生为中心：转变课堂主导地位

在以往的英语教学中，教师永远是课堂的主角，学生是知识接受者的角色，缺乏主动探索与语言实践的机会。然而，在核心素养背景下，这种“单向输入”的教学模式已无法满足高中学生认知发展的需求。相反，更为强调学生在学习过程中的参与度、自主性与实践性。

因此，教师在设计课堂活动时，应明确“学生是课堂的中心”这一理念。在具体操作中，可以通过设置角色扮演、分组讨论、项目协作、课堂展示等形式，引导学生深入参与课堂的各个环节，鼓励其在真实情境中表达自我、解决问题。教师则应从“知识传递者”转变为“学习促进者”，通过提供适当的语言支架、策略引导与过程性评价，助力学生逐步实现从“要我学”到“我要学”的转变。

（二）以任务为驱动：构建真实学习情境

活动导向的课堂不仅在形式上强调学生的参与，更在内容设计上体现“做中学”的教学理念。在此过程中，任务的设置至关重要。理想的教学任务应具备真实性、挑战性与关联性，能够将教材内容与学生生活经验、社会实际紧密联系，引导学生在解决具体问题的过程中实现语言的综合运用。

例如，在教学“Environmental Protection”（环境保护）相关内容时，教师可以设计“环保倡议书撰写”任务，要求学生就校园内存在的环境问题展开调查，并以小组名义撰写英文倡议书，提交至学校学生会或英语角进行展示与讨论。该任务不仅贴近学生生活，也融合了听、说、读、写等多项语言技能，促使学生主动投入学习过程，在完成任务的同时实现语言能力的有效迁移。此外，教师还可将任务延伸至课外，如布置“国际节日文化海报设计”任务，邀请学生围绕某一节日设计一份英文宣传海报，并在班级中讲解其文化内涵及庆祝方式。这样的活动使语言学习不再局限于课本，而是延伸至社会语境与文化视野之中，充分实现语言学习的生活化、实践化与综合化。

（三）以能力为导向：推进多维目标达成

开展课堂活动的最终目标，并不仅仅是“让课堂更热闹”，而是通过活动本身的教育价值，推动学生在语言理解、语言表达、学习方法与思维方式等多维能力上的整体提升。因此，教师在设计与组织活动时，应以“能力导向”为核心原则，使每一项活动都服务于学生综合素养的养成。

在“阅读能力”培养方面，教师可设置“跨文化阅读分析”活动，让学生对比中外教育制度、饮食习惯、社交方式等主题的英文文章，提炼观点、进行汇报，并展开批判性思维训练；在“听说能力”方面，教师可组织“校园新闻播报”活动，由学生模拟记者，进行采访、撰稿与口语播报，提升其听说综合素质；在“学习策略”方面，教师可以定期开展“学习反思与同伴互评”活动，引导学生自我评价与同伴反馈，提高元认知能力；在“信息素养”方面，教师可引导学生利用 AI 翻译工具、在线词典或英语学习 App 等数字资源辅助任务完成，提升信息获取与筛选能力。

通过上述活动的系统开展，高中英语课堂能够实现“从知识走向能力、从能力走向素养”的教学跃升，为学生今后的持续学习与跨文化交流打下坚实的基础。

二、创设问题情境，增强学生表达能力

高中阶段是语言能力迅速提升的关键时期，而“表达”作为语言运用的重要环节，不仅反映了学生对语言知识的掌握程度，更是其思维能力、情感态度和文化意识的外在体现。因此，在核心素养的背景下，如何通过有效的教学方法提升学生的英语表达能力，成为高中英语教学中亟待突破的难题。其中，问题情境的创设便是一种极具实效性和实践性的策略，它以情境驱动语言产出，以问题引导思维展开，真正做到了让学生“在用中学、在说中悟”。

（一）基于真实生活的情境设计，引发学生表达动机

在传统课堂中，学生英语表达能力培养常常停留在应试导向的模板训练上，诸如“我的家庭”“我的梦想”“一次难忘的经历”等题目虽然表面贴近生活，但表达过程往往程式化、模式化，缺乏情感真实度和语言运用的灵活性。而在核心素养导向下，英语表达教学不再是简单的语言输出训练，而是要将语言能力与思维品质、文化理解、情感态度融为一体。因此，教师应从学生实际生活出发，创设贴近学生生活经验、具有挑战性和思辨性的情境，激发学生表达的内在动机。

例如，在教学“Friendship”（友谊）的相关内容时，教师可以设置“校园友谊问题调查”任务，要求学生通过匿名问卷或访谈的方式收集关于同龄人之间友情困扰的数据，再在课堂上以英文形式呈现分析结果。学生不仅要整理语言素材，还需整合逻辑思路，借助图表、实例等展开陈述。这种“带任务”的表达活动极大地提升了学生的情境代入感与表达动因，在真实沟通需求下，学生会更加自觉地构思、表达和修正自己的语言。

此外，教师还可结合校园生活中正在发生的热点话题，如“是否应当设立午休制度”“手机是否可以带入课堂”等，引导学生以辩论、演讲、小组讨论等形式表达自己的观点。这样的问题与学生日常学习息息相关，容易激发情感共鸣，提升语言运用的真实度，使学生在多角度表达中获得思维的锻炼和语言的迁移能力。

（二）以任务链条为依托，构建表达能力培养渐进系统

情境的创设应服务于表达能力的系统建构，而非单一片段的练习。在教学实践中，教师需要通过任务链条的设计，将一个大情境拆解为多个小任务，

形成由输入到输出、由观察到表达、由合作到展示的教学闭环，使学生在渐进的过程中完成思维与表达能力的螺旋式提升。

以“Global Issues”（全球性问题）的相关学习为例，教师可以设置如下任务链条：

任务一：信息输入与认知拓宽——学生阅读关于全球变暖、公共卫生等主题的英文原版材料，完成批注与归纳，积累相关词汇与句式结构。

任务二：小组研讨与观点碰撞——学生围绕各自关注的问题展开小组头脑风暴，提出可能的解决方案，并用英语进行记录与表达。

任务三：角色扮演与语言迁移——教师设置“联合国青少年峰会”模拟场景，学生分别扮演各国代表，发表立场声明，展开辩论。

任务四：成果展示与反思提升——小组完成一份多媒体展示报告，向班级汇报所研究的全球问题及其应对方案，最后进行自评与同伴互评。

通过上述渐进式任务链条的设计，高中学生在真实任务的推动下，逐步完成从语言输入到语言输出的全链条表达训练，这样不仅锻炼了语言表达的准确性与流畅性，还培养了团队协作、问题解决与批判性思维等综合素养。

（三）借助差异化引导策略，实现表达训练的全员参与

在实际课堂中，学生英语表达能力差异较大，部分学生具备较强的语言表达欲望与能力，而另一些学生则因基础薄弱、性格内向或表达焦虑而常常处于“沉默”状态。因此，在核心素养背景下的教学实践中，教师需要通过差异化的引导策略，确保每一位学生都能在课堂活动中找到自己的位置，参与表达过程。一方面，教师可以采取“分层表达任务”设计策略，为不同层次的学生提供难度适宜的表达目标。例如，在小组任务中，能力强的学生可负责观点整合与最终展示，表达能力相对较弱的学生则承担资料收集、关键词整理、辅助陈述等任务，使每位学生在自己的“最近发展区”内获得语言输出的机会。另一方面，教师还可通过“低起点—高挑战”策略，设置由易到难的表达活动路径。如在一节关于“校园生活”的口语课中，教师先引导学生用关键词完成“快速描绘”，再转向“两人对话”表达校园一天，最终进行“一分钟演讲”展示，每一步都为下一步奠定语言基础，帮助学生逐渐建立表达信心与逻辑能力。

同时，教师应积极营造支持性课堂氛围，对学生表达中的错误持“容错”态度，用鼓励性语言促进其表达意愿的提升，让每一位学生都能感受到“我

能说、我敢说、我愿说”的信心与动力。

三、建立师生联系纽带，促进学生发展

师生关系作为高中英语教学过程中的关键纽带，在塑造学生英语学习态度、提升语言实践能力、构建学习共同体等方面发挥着不可替代的作用。核心素养不仅是知识和能力的叠加体，更关乎学生情感态度、价值观的培养。高中英语作为人文学科的重要组成部分，更要以深层的人际交往作为支撑，借助教师与学生之间的情感联系和认知互动，激发学生的内在动能，从而实现教学相长，促进学生的持续发展。

（一）构建平等对话关系，激发学生的学习主动性

传统的“师道尊严”式教学模式在一定程度上限制了学生的表达自由和思维拓宽空间，尤其是在“语言学习”这一以交际为本质的学科中，教师的单向输入极易造成学生的被动接受和参与热情下降。而在核心素养引领下，高中英语教学应建立以“交流互动”为基础的课堂结构，打破以教师为中心的权力结构，转向以学生为主体的开放型教学场域。

要实现这一转变，教师应确立“教学共同体”理念，将自己由知识的“传授者”转变为“引导者”“倾听者”和“对话者”，这不仅意味着教学方法的变革，更需要教师在情感态度、教学语言、课堂组织方式等多个层面上体现出平等、尊重与合作。例如，在进行写作教学时，教师不应一味地指出学生的错误，而应与学生进行头脑风暴，共同分析写作主题与逻辑结构，鼓励学生从多角度构思，并对其表达方式给予积极反馈。这种基于平等对话的教学互动，能够提升学生的思维参与度与语言表达信心，促进其语言能力与思维水平的同步发展。

同时，教师要善于发现学生个体优势，给予针对性鼓励。在口语表达或阅读分享过程中，对不同性格与水平的学生采用个性化提问方式，使其在课堂中都能找到“发声”的空间，逐渐形成“敢表达、能表达、会表达”的自我认知。长期如此，学生在良好的师生互动环境中，逐步由“他律”转向“自律”，由“要我学”转向“我要学”。

（二）建立反馈机制，提升教学针对性与有效性

有效的师生联系不仅体现在情感上的亲近，更体现在认知层面的持续互

动与及时反馈。高中英语学习作为一门强调持续积累与实践应用的学科，需要在动态反馈中不断调整学习路径与教学策略。因此，建立系统的教学反馈机制，是教师与学生之间实现教学共振的关键。

在具体操作中，教师可通过建立“英语学习成长档案”，记录学生在听、说、读、写各方面的发展轨迹，定期与学生进行一对一交流，了解其学习困惑、兴趣转移、能力“瓶颈”等问题。反馈不应局限于考试成绩，而应从内容理解、语言运用、学习策略、情感态度等多个维度展开，引导学生形成阶段性目标与自我监控能力。

（三）拓宽课堂外交流空间，促进语言应用真实化

核心素养强调知识与现实生活的融合，强调语言运用于真实语境中产生价值，因此，高中英语学习不应局限于课堂内的机械训练，而应走出课本，融入生活。教师应当成为学生生活中可信赖的“语言伙伴”，在课后、社团、活动等多元空间中延续课堂情感与认知互动。

教师可以组织以英语为媒介的课外活动，如“英语角”“模拟联合国”“英文配音”“英语戏剧”等，在这些轻松而富有创造力的环境中，学生能够在低压力状态下主动使用英语，感受到语言的交流功能与社会意义，进而增强表达意愿和应用能力。在活动中，教师不仅是组织者，更应是参与者，与学生并肩学习、交流，构建亲密无间的语言使用共同体。

教师可鼓励学生利用网络平台进行跨文化交流，如与国际友校开展视频对话、参与国际青年论坛、撰写英文博客或播客等，这种基于“真实任务”的交流体验，能显著提升学生语言输出的真实性与复杂度，同时加深其对英语背后文化逻辑的理解，达成跨文化意识的培养目标。此类交流中，教师的角色不仅是语言的矫正者，更是思维引导者与文化阐释者，帮助学生将所学语言知识转化为真实世界的交际能力。此外，对于学习困难的学生，教师应主动在课后给予个别化辅导与心理支持，帮助其建立对英语学习的信心。这种基于个体需求的情感支持机制，是建立稳固的师生关系、保障教学公平性的重要保障。

（四）以师生共建为核心，营造向上的英语学习共同体

在核心素养视域下，教学不仅是知识的传递过程，更是价值的共同建构过程。教师与学生应共同承担英语学习共同体的责任与义务，实现课堂的协同进化。

构建学习共同体，首先，要从“课程共建”入手。教师可鼓励学生参与到课程内容与活动设计中，如由学生建议阅读材料、策划小组任务、设计课堂提问等，使其成为课程的共同制定者与执行者。这样一来，学生的主体性和责任感将大大提升，对课程的认同感与投入度也会显著增强。其次，在评价方式上，应倡导“学生参与式评估”。除教师评价外，还可引入自评、互评等方式，让学生在评价中学会观察、比较、反思与提升。这种多元共评机制，不仅有助于建立开放透明的课堂文化，也能让师生之间形成共同追求进步的积极氛围。最后，教师要以身作则，以自己的人格魅力、语言素养、文化气度感染学生。核心素养背景下的英语教师不仅是语言技能的传授者，更是文化传播者与价值引领者，教师对语言的热爱、对知识的敬畏、对学生的尊重，都会潜移默化地影响学生的认知与行为。唯有建立起充满信任、理解与合作的师生纽带，英语教学才能真正走向深层育人，实现立德树人的根本目标。

四、优化思维路径设计，提升逻辑认知

在核心素养背景下，高中英语教学不再仅仅是知识的传授和语言技能的训练，而是应当关注学生逻辑思维能力的构建与认知路径的优化。传统英语教学往往更强调语言的“输入”与“输出”之间的机械对应，忽视了学生在获取、处理和表达语言信息过程中的思维逻辑梳理。而逻辑认知能力的培养不仅是提高语言运用效率的关键，也是发展学生学科核心素养的重要抓手。

要优化学生的英语思维路径，教师应明确一个核心前提：语言本身就是思维的载体，是认知的媒介。因此，语言教学必须和思维训练同步推进。在实际教学中，教师应以语篇理解为核心，强化逻辑关联意识，通过问题链的设计带动学生由浅入深地解析语言内容。例如，在进行议论文写作教学时，教师不仅要指导学生掌握句式结构与语法表达，更应引导其辨识论点、归纳论据、分析推理过程中的语言逻辑，帮助学生建立“观点—理由—举例—总结”这一清晰的表达框架。

在具体高中英语教学实践中，教师可采用“思维导图”辅助学生厘清文本结构。例如，在阅读一篇讲述环境保护的说明文时，教师可引导学生从整体上勾画出文章的段落逻辑结构，分清因果关系、时间顺序、比较对照等逻辑方式的使用。通过图示形式，帮助学生在阅读中形成“信息整合—思维加工—语言再现”的思维路径，从而在写作与表达中做到有理有据、层次分明。

教师应关注学生在语言逻辑表达中出现的问题，如常见的句子成分残缺、语义不清、观点缺乏支撑等，都与思维路径的混乱有关。因此，在批改学生作文或进行口语训练时，教师不仅要指出语言形式的错误，更应引导学生反思其思维过程是否合理，是否在表达中建立了清晰的因果链或论证结构。

五、强化跨文化意识，拓宽学生全球视野

语言是文化的载体，而文化的差异恰恰是语言学习的魅力所在。在当今全球化日益加深的时代背景下，高中学生的英语学习已不仅服务于应试，更要服务于其未来在多元文化语境中自如沟通、有效表达与理解他人的能力。因而，在高中英语教学中，培养学生的跨文化意识，应当成为教师教学设计与实施的重要着力点。

要实现跨文化意识的有效渗透，教师需打破“语言等于语法和词汇”的单一教学思维，将英语教学置于真实文化情境中展开。例如，在讲解节日类话题如“Christmas”（圣诞节）、“Thanksgiving”（感恩节）时，教师不能止步于词汇讲解与句型操练，而应当引导学生深入了解其背后的历史渊源、现代社会中的演变过程。同时，还可以组织学生围绕中国传统节日展开比较性探讨，让他们在对比中掌握文化差异，从而提升其文化迁移与文化适应能力。这种方式不仅丰富了学生的语言学习体验，更在潜移默化中强化了他们的全球视角与文化包容力。

教师在教学过程中还应有意识地引导学生关注多元价值观与多样文化现象。在谈及国际时事、环保议题、性别平权或社会发展等全球性议题时，教师可引导学生阅读英文报刊、观看国际新闻片段，鼓励他们用英语表达自己的理解与观点。这不仅训练了学生的信息筛选与整合能力，也提升了其英语思辨表达的广度与深度，更重要的是，引导其以“世界公民”的身份思考问题，增强其文化共情力和跨文化沟通能力。

当然，强化跨文化意识也不能脱离对学生心理状态的关注。在高中英语教学中，教师应以尊重与平等为前提，避免对文化差异的刻板化描述，引导学生以包容心态看待异文化，培养其理性判断与批判性思维。通过设置多样化的课堂任务与开放性的问题探究，鼓励学生站在不同文化立场上重新理解问题，并在此基础上反思自身文化，提升文化自觉意识。

六、改变教学观念，营造良好的学习氛围

随着社会的发展和教育理念的不断更新，核心素养已成为现代教育的重要目标。在这种背景下，传统的教学观念和方法显然已经无法满足新时代对教育的要求，特别是在高中英语教学中，改变教学观念，营造积极向上的学习氛围，成为推动教育改革的关键。

（一）利用多元化教学手段，激发学生学习兴趣

教学手段的多样化是改变教学观念的重要组成部分。在传统的英语课堂上，教师大多依赖传统的讲解式教学，课堂形式单一，学生容易产生学习疲劳感，缺乏足够的学习动力。而在现代核心素养的背景下，教师应当充分利用多元化的教学资源和手段，增强课堂的互动性和趣味性，从而调动学生的积极性。首先，多媒体技术的应用为英语教学提供了更丰富的资源和展示形式。通过利用视频、音频、图像等多媒体工具，教师能够将抽象的语言知识具象化，提高学生的学习兴趣。例如，在讲解一篇英语文章时，教师可以通过播放相关的音频或视频材料，帮助学生更好地理解文章内容，同时培养他们的听力能力和语言感知能力。通过这种方式，学生能够在视觉和听觉的双重刺激下，更加轻松和愉快地学习英语，增强语言学习的沉浸感。其次，互联网和在线学习平台的应用也为英语教学带来了新的机遇。教师可以通过在线资源如英语学习网站、在线词典、外语广播等，拓宽学生的学习渠道。通过让学生自主选择感兴趣的学习材料，教师能够激发学生的学习热情，培养他们的自主学习能力。同时，网络学习平台还可以提供即时反馈，帮助学生在学习过程中发现问题并及时纠正，进一步提高学习效率。

（二）营造宽松的学习氛围，提高学生学习质量

除了教学观念的转变和教学手段的创新，营造良好的课堂氛围也是推动英语教学改革的重要因素。一个宽松、积极的课堂氛围能够有效减轻学生的学习压力，帮助他们在轻松愉快的环境中学习，提高他们的学习兴趣和动机。首先，教师应当关注课堂氛围的建设，创造一个尊重学生、鼓励表达、自由探讨的学习环境。在传统的教学中，学生的发言往往受到限制，只有少数表现优秀的学生能够主动发言，而其他学生则保持沉默，缺乏参与感。然而，现代英语教学应当提倡每个学生都有机会表达自己的观点和意见，尤其是在讨论和交流的环节中，教师要鼓励学生积极发言，表达自己的想法。通过这

种方式，学生的自信心得到了增强，课堂氛围也变得更加活跃和开放。其次，教师还应关注学生个体差异，尊重每个学生的学习节奏和思维方式。通过个性化的指导和帮助，教师能够帮助不同层次的学生都能在课堂上获得成就感和满足感，进而提高他们的学习动机。例如，教师可以根据学生的英语水平设置不同的学习任务，针对不同学生的需求给予及时的帮助和支持，从而让每个学生都能在自己的节奏下取得进步。

第三节　基于大单元视角的高中英语教学方法

在新课标的指导下，大单元教学以其整合性、结构性及主题性，成为一线英语教师关注的焦点。通过从单元视角切入制定教学目标、聚焦于主题意义设计单元活动，可引领学生由浅入深且富有系统性地展开英语探究，从中建立完整的知识网络，更加高效地理解、运用单元主题语境等，对学生的英语学习大有益处[①]。

一、考量多方因素，提炼单元教学目标

在基于大单元视角的高中英语教学中，教学目标的提炼是一个至关重要的起点，它决定了整个单元教学的方向和效果。大单元视角不仅关注知识的传授，更强调学生核心素养的培养，包括语言能力、思维能力、跨文化理解以及综合运用语言的能力。因此，如何根据单元主题，结合学生的实际情况和课程标准，提炼出既有挑战性又符合学生认知发展的教学目标，成为教学设计的核心任务。

（一）确定教学目标的多维度考量

在提炼单元教学目标时，教师必须从多个维度综合考量。首先，教学目标应符合新课程标准的要求。《普通高中英语课程标准（2017 年版 2020 年修订）》明确提出英语教学应培养学生的语言知识、语言技能、情感态度和

① 孙会．基于大单元视角的高中英语教学方法研究［J］．中学生英语，2024（20）：41.

文化意识等核心素养。因此，在确定教学目标时，教师需要围绕这些核心素养进行思考，使目标设置不仅局限于语言知识的掌握，还包括语言的运用、跨文化交际能力的提升以及学生思维方式的培养。其次，教师应根据学生的具体情况调整目标的难易度。高中英语的学习者有着不同的基础和能力，教师在设定目标时要考虑到学生的个体差异。因此，教师需要进行分层次的教学设计，为不同层次的学生设定适宜的目标。例如，对于基础较好的学生，教师可以设置更高阶的目标，如提高其批判性思维能力和创造性表达能力；而对于基础较弱的学生，教师则可以设置更多关于语言运用和基础知识巩固的目标。再次，教学目标的设定还需要考虑到单元主题的特点。例如，在“Friends Forever”（永远的朋友）这一单元中，教师可以从语言、情感、跨文化理解等多个方面提炼目标。首先，在语言方面，教师可以设定学生能够掌握“reliable”（可靠的）、“gossip”（闲聊）等词汇，并能够正确运用与“friendship”（友谊）相关的句型；在情感方面，教师可以设定学生通过讨论友谊的意义，理解并尊重不同文化中对友谊的理解；在跨文化理解方面，教师可以设计目标让学生通过比对中西方文化中友谊的表现，拓宽其文化视野和提高跨文化交际能力。

（二）精确提炼目标的策略

为了确保教学目标的可操作性，教师在提炼目标时应注重目标的精确性和可衡量性。目标应具体且具有可实现性，避免模糊和过于宽泛的描述。例如，“提高学生的英语写作能力”这一目标过于笼统，而“学生能够在友谊主题的写作中，运用正确的句型和丰富的词汇，表达对友谊的理解”这一目标则更加具体明确，有助于教师在课堂中进行有效的教学活动设计。

此外，目标的设置要具有一定的挑战性，但不宜过于超出学生当前的认知水平。过于简单的目标会使学生失去学习的动力，过于复杂的目标则可能让学生感到沮丧和无助。因此，教师应根据学生的实际能力，设计能够激发学生潜力的教学目标，使学生在挑战中得到成长。

通过综合考虑新课标要求、学生学情、教学资源等多方因素，教师可以在大单元视角下为学生制定出既符合教育目标又具有挑战性的教学目标，从而为单元教学的开展奠定坚实的基础。

二、聚焦单元目标，整合单元教学资源

单元教学资源不仅包括教材本身，还应涵盖多种形式的辅助资料、工具和方法，教师需根据不同的教学目标灵活整合资源，以最大限度地促进学生的学习和能力的提升。

（一）资源整合的多维度策略

教师在进行资源整合时，需要明确资源整合的目的和目标。教学资源应围绕单元目标的各个维度展开。例如，在一个以“Friendship”（友谊）为主题的单元中，为了让学生更好地掌握与友谊相关的词汇，教师可以使用词汇书、英语词典、在线词典等资源，这些工具能够帮助学生深入理解词汇的词义、词性、用法以及语境。教师还可以结合多媒体资源，如视频、音频、网络文章等，展示这些词汇在真实语境中的运用，进一步加深学生对词汇的记忆和理解。

（二）多媒体与实物资源的有效运用

在大单元教学中，多媒体资源的运用是不可忽视的一个重要环节。通过使用视频、音频、PPT、电子白板等多种技术手段，教师能够将抽象的语言知识具体化，增强课堂的互动性和趣味性。例如，同样以“Friendship”这一主题时，教师可以通过播放相关的英语电影片段，展示友谊的真实情境，让学生从中感受英语文化中的友情表达方式。同时，视频和音频的展示还能帮助学生提高听力理解能力，让他们能够更自然地接触英语的口语表达。

对于高中三年级的学生，教师还可以结合项目学习资料，进行深度探讨。教师可以选择一些具有挑战性的课题或问题，带领学生进行小组合作探究，既能提高学生的合作能力，也能够促进学生批判性思维的发展。例如，教师可以设计一个任务，让学生在小组内讨论友谊的定义及其在不同文化中的表现形式，并通过写作或展示的方式表达他们的观点。这不仅能够提高学生的语言运用能力，还能够激发他们对文化差异和跨文化交际的兴趣。

三、紧扣单元语境，设计多元课堂活动

在“核心素养”背景下的高中英语教学转型过程中，课堂活动的设计不再仅仅以知识传授为目的，而是应当深入结合单元主题语境，从学生发展的多重维度出发，构建立体化、情境化、参与式的学习体验。单元语境既是内

容教学的根本依托，也是引导学生语言迁移和能力提升的情境基础。教师在大单元教学框架内，应注重活动的整体规划与细节安排，通过精心创设与单元目标相适配的教学活动，让学生“在语境中学语言”“在语言中习思维”，从而实现语言学习与核心素养的高度融合。

（一）聚焦主题语境，构建真实交流情境

高中英语课程的单元通常围绕具体的社会、文化或个人生活主题展开，如“家庭与情感”“人与自然”“科技与社会”等。教师在课堂活动设计中，应对单元语境进行深入剖析，理解其中所蕴含的语言结构、文化背景与交际功能。例如，在“Family Matters”相关内容的教学中，表面主题是家庭，但其实更深层次指向的是情感沟通、代际关系、家庭责任与社会角色等内容。在此背景下，若课堂活动仅局限于对家庭成员称谓、家庭结构的表层记忆，则无疑削弱了教学的深度与价值。教师应从学生的生活实际出发，提炼出具有讨论价值与共鸣基础的语境核心内容，并以任务引领方式促使学生“用语言做事”。

具体而言，教师可设计以“家庭矛盾调解”“代际沟通方式对比”为主题的情境角色扮演，或引导学生围绕“我理想中的家庭生活”开展小组研讨与展示。这类活动将抽象的语境转化为具体的沟通场景，使学生在具有真实性与任务性的语言环境中自然而然地调动词汇、句式、语篇结构等语言资源进行表达，同时激发其思维的逻辑性与文化意识的觉察力。通过这种方式，学生不仅能够更好地理解和运用语言知识，还能在真实情境中培养跨文化交际能力和批判性思维能力，为未来的学习和生活打下坚实的基础。

（二）任务链式组织，促进语言迁移与深入理解

课堂活动的有效性不仅在于类型的多样，更关键的是其逻辑性与连贯性。基于单元语境，教师应通过任务链式的设计，使不同活动之间形成衔接与递进，从而促进学生语言知识的内化与迁移。例如，在“Family Matters”相关内容的教学中，可以设置一系列由浅入深、层层递进的任务：第一课时设计为“家庭成员词汇梳理与情境对话”，通过词汇学习和简单的对话练习，帮助学生掌握基础语言知识；第二课时组织“家庭事件描述与写作练习”，引导学生运用所学词汇和句式进行书面表达，提升语言运用能力；第三课时安排“代际沟通案例分析与模拟对话”，通过案例分析和模拟对话，帮助学生

深入理解家庭中的代际关系和沟通技巧；最后一课时整合为“家庭剧场”演绎活动，让学生在综合运用听、说、读、写技能的过程中，对已学知识进行迁移转化，真正实现“学以致用”的教学宗旨，这种任务链式的活动安排，不仅有助于学生构建系统的语言认知图式，还能通过不断的任务完成过程，增强语言的使用熟练度和表达深度。尤其在终端任务（如“家庭剧场”）中，学生需要综合运用听、说、读、写技能，对已学知识进行迁移转化，真正实现“学以致用”的教学宗旨。通过任务链式的设计，学生能够在不同层次的任务中逐步提升语言能力，同时培养合作精神和解决问题的能力，为未来的学习和生活奠定坚实的基础。

（三）融合跨学科视角，拓宽活动认知与人文价值

核心素养的提出本身就强调学科间的联通与综合。在高中英语教学中，教师应尝试引入跨学科内容，赋予课堂活动更丰富的文化与思想维度。同样以“Family Matters”的教学为例，教师可以从历史、社会学等视角，探讨不同国家和文化中的家庭结构演变、父权与母权观念的转变、代际冲突的社会根源等，这种融合不仅能拓宽学生的文化理解能力，也能激发其对社会现实的关注与思辨力。

课堂活动设计可以围绕“全球家庭文化比较”展开，让学生收集资料、制作文化海报并进行口头展示；也可以组织辩论赛，如“是否应将父母送入养老院”，在真实的社会议题中锻炼表达能力与批判性思维。通过这些活动，学生不再仅是语言学习者，而同时是文化探究者与社会参与者，英语学习也由此真正走出课本，走进现实。这种跨学科的融合不仅丰富了教学内容，还培养了学生的综合素养，使其能够从多角度思考问题，提升对不同文化的理解和包容能力，为未来的学习和生活提供更广阔的视野和更深厚的文化底蕴。

（四）注重过程引导，优化活动实施策略

即使设计再巧妙的课堂活动，如果在实施过程中缺乏有效引导和组织，也难以发挥其应有的教学价值。教师在活动推进中应扮演“引导者”“组织者”“协同者”的角色，关注每位学生的参与度与投入度，及时给予策略支持与情感激励。在实际操作中，可通过任务分组明确分工、设立任务卡片指引流程、设置时间节点保障效率、安排评价机制激励进步等方式，保障活动的规范性与有效性。

同时，教师还需善于观察活动中的动态表现，特别是学生的语言输出质量、合作态度与思维深度，并在活动后安排反思环节，引导学生对自己的表达方式、合作技巧、知识应用等方面进行回顾与总结。通过“过程性支持＋结果性评价”的双轮驱动机制，使活动真正成为推动学生全面发展的重要载体。这种过程引导不仅能够帮助学生更好地完成任务，还能培养他们的自主学习能力和合作精神，使其在学习过程中不断进步，最终实现自我提升和全面发展。

四、重视单元评价，反馈单元教学水平

在核心素养导向下的高中英语教学体系中，单元评价不应被简单地理解为阶段性检测工具，而应成为课堂教学与学生发展之间的深层连接点。其不仅承载着检验知识掌握与能力发展的功能，更是一种教学反思的镜面、师生对话的渠道、个性成长的导航仪。评价的价值不应局限于结果呈现，更在于过程反馈与方向引导。因此，在大单元视角中科学设置评价体系、优化评价方法，已成为提高教学质量、实现育人目标的关键路径。

（一）围绕核心素养目标，构建评价的“方向感”

评价的有效性根植于目标的明确性。在传统高中英语教学中，教学评价往往聚焦于词汇记忆、语法掌握、试卷成绩等显性指标，忽视了学生语言实际运用能力与综合素养的培养。而核心素养理念强调学生应在语言学习中发展思维品质、文化理解与自主学习能力，因此单元评价必须围绕这些素养导向进行重新构建。

在大单元教学中，教师应以核心素养为导向，明确评价的目标和重点。例如，在“人与社会”单元中，不仅要评价学生对相关词汇和语法的掌握，更要关注他们在讨论社会问题时的思维深度、文化理解能力以及语言表达的准确性。通过设计开放性问题、小组讨论、演讲等任务，教师可以全面评估学生在语言运用、思维品质和文化意识等方面的综合表现。这种以核心素养为目标的评价方式，能够帮助教师更全面地了解学生的学习情况，同时引导学生关注语言学习的深层次目标，从而增强教学的整体效果。

具体而言，教师可以设计一些具有挑战性的任务，如让学生撰写一篇关于“人与社会”主题的短文，要求他们运用所学的词汇和语法知识，表达自己对某个社会问题的看法。在评价时，教师不仅要关注语言的准确性，还要

评价学生的思维深度和文化理解能力。例如，教师可以评价学生是否能够从不同文化的角度分析问题，是否能够提出有见解的观点，并用合理的论据支持自己的观点。通过这种方式，教师能够更全面地了解学生的学习情况，同时能引导学生关注语言学习的深层次目标，提升他们的综合素养。

此外，教师还可以通过课堂观察、学生作品分析等方式，对学生的语言运用能力、思维品质和文化意识进行全面评价。例如，在课堂讨论中，教师可以观察学生是否能够积极参与讨论，是否能够用准确的语言表达自己的观点，是否能够尊重他人的意见，并从中获得启发。通过这些多样化的评价方式，教师能够更全面地了解学生的学习情况，为后续的教学提供有力的支持。

（二）构建多元化评价手段，实现“教学评”一致性

当前高中英语教师需根据不同学习任务与教学阶段，灵活采用形成性与终结性评价相结合的策略，使评价深度嵌入教学全过程，真正做到“教—学—评”的高度一致。

形成性评价是高中英语大单元教学中不可或缺的一部分。例如，在“人与自然”单元中，教师可以通过课堂观察、随堂反馈、小组展示、写作草稿评审、语言任务日志等方式，实时捕捉学生的学习状态与能力变化。这些评价手段能够为教师提供精准的教学依据，帮助教师及时调整教学策略，以满足学生的学习需求。同时，终结性评价如单元测试、成果展示、综合写作、口语面试等，能够从整体上把握学生阶段性水平。

具体而言，形成性评价可以通过多种方式进行。例如，在课堂观察中，教师可以记录学生在课堂讨论中的表现，包括他们的语言运用能力、思维活跃度、合作态度等。在随堂反馈中，教师可以及时指出学生在课堂练习中的错误，并给予指导。在小组展示中，教师可以评价学生是否能够有效地组织语言，清晰地表达观点，并与小组成员密切合作。在写作草稿评审中，教师可以评价学生的写作思路、语言表达、逻辑结构等方面，并给出修改建议。

终结性评价则可以通过单元测试、成果展示、综合写作、口语面试等方式进行。例如，在单元测试中，教师可以设计一些综合性的题目，考查学生对本单元知识的掌握情况。在成果展示中，学生可以展示他们在本单元学习中完成的项目或作品，教师可以评价他们的创新能力和实践能力。在综合写作中，教师可以要求学生撰写一篇关于本单元主题的短文，考查他们的写作能力和语言运用能力。在口语面试中，教师可以与学生进行一对一的交流，

考查他们的口语表达能力和思维能力。通过这些终结性评价方式，教师能够从整体上把握学生的学习情况，为后续的教学提供参考。

（三）引导学生参与评价过程，激发内在驱动力

有效评价不应只是教师的独角戏，更应成为学生反思自我、塑造自我、发展自我的起点。当前高中生在英语学习中普遍存在“被动接受”倾向，缺乏对学习目标的主动认知和自我调节能力。而将学生纳入评价体系之中，通过自评、互评、同伴反馈等方式，可以有效激发其学习动机与参与感，促使其在评价中建立起对自身学习过程的清晰认知。

在高中英语大单元教学中，教师可以通过设计自评表格、互评标准等方式，引导学生参与评价过程。例如，在“家庭与情感”单元中，学生可以通过自评表格，反思自己在小组讨论中的表现，包括语言运用、合作态度、思维深度等方面。同时，通过互评，学生可以学习他人的优点，发现自己的不足。这种参与式评价不仅能够激发学生的学习动机，还能培养他们的自我反思能力和批判性思维能力，使其在学习过程中不断进步。

教师可以设计一些具体的自评和互评标准。例如，在自评表格中，学生可以评价自己在课堂讨论中的表现，包括是否能够积极参与讨论，是否能够用准确的语言表达自己的观点，是否能够尊重他人的意见等。在互评中，学生可以评价小组成员在讨论中的表现，包括他们的语言运用能力、思维活跃度、合作态度等。通过这种方式，学生能够更好地了解自己的学习情况，同时能够学习他人的优点，发现自己的不足。此外，教师还可以通过小组讨论、项目合作等方式，引导学生参与评价过程。例如，在小组讨论中，学生可以互相评价对方的观点，提出自己的建议和意见。在项目合作中，学生可以评价小组成员的合作态度和贡献程度。通过这种方式，学生能够更好地了解自己的学习情况，同时能够培养他们的团队合作能力和沟通能力。

（四）将评价结果转化为教学优化与持续发展机制

评价的最终目的不是分类学生、排名教学，而是反馈问题、优化路径、激励成长。因此，教师在进行单元评价后，应以开放、发展性视角分析结果，并将其反馈到后续的教学设计中。更为关键的是，评价不应成为学生成长的“终点”，而应成为教师与学生共同重塑学习策略、校准学习方向的“新起点”。教师可在单元总结环节，与学生共同回顾成长轨迹，明确下一阶段的

学习目标与策略安排。通过评价的“反馈—调整—提升”三步闭环机制，构建起一个螺旋式上升的教学发展模式，使课堂真正成为“以评促教”“以评促学”的高效场域。这种以评价结果为导向的教学优化机制，能够帮助教师不断提高教学质量，同时为学生提供持续发展的动力。

具体而言，教师可以通过多种方式将评价结果转化为教学优化的依据。例如，在单元评价结束后，教师可以对学生的评价结果进行分析，找出学生在学习过程中存在的问题和不足。然后，教师可以根据这些问题和不足，调整教学计划和教学策略。例如，如果评价结果显示学生在语法知识方面存在薄弱环节，教师可以在后续的教学中增加语法练习的比重；如果学生在口语表达方面存在不足，教师可以通过增加口语练习的机会，提供语言支架等方式，帮助学生提高口语能力。教师还可以通过与学生的个别交流，了解他们在学习过程中遇到的困难和问题。例如，在单元总结环节，教师可以与学生进行一对一的交流，了解他们在学习过程中遇到的困难和问题，并给予具体的指导和建议。

（五）营造人文氛围，关注学生情感成长

在高中英语大单元教学中，评价周期长、活动密集，教师更应注重评价话语的温度与策略，避免评价带来的焦虑与负面效应。应倡导“鼓励式评价”“发展性评价”“欣赏性评价”，在指出不足的同时，更要看到进步与潜能。

在评价反馈中，教师应注重语言的温和性和鼓励性。例如，在“科技与社会”单元中，教师可以在评价反馈中指出学生在口语表达中的进步，如“你在小组讨论中表达得越来越清晰，逻辑也更加连贯”，同时给予具体的改进建议，如“在下次讨论中，可以尝试使用更多的高级词汇来增强表达效果”。这种积极的评价方式不仅能够激发学生的自信心，还能帮助他们更好地认识到自己的不足，从而在后续学习中不断改进。通过营造人文关怀的评价氛围，教师能够更好地关注学生的情感成长，帮助他们建立积极的学习态度和自信心。

教师可以通过多种方式营造人文关怀的评价氛围。例如，在评价反馈中，教师可以使用一些鼓励性的语言，如“你做得很好，但还有改进的空间”“你的观点很有创意，但可以再详细一些”等，这种鼓励性的评价方式不仅能够激发学生的自信心，还能帮助他们更好地认识到自己的不足，从而在后续学习中不断改进。在小组讨论中，教师可以引导学生互相鼓励、互相支持，营造一个积极的学习氛围。

第四节　基于积极心理学的高中英语教学方法

一、基于积极心理学高中英语教学的优势

（一）有利于教师了解学生的心理需求

在积极心理学的理论视角下，教学过程不仅是知识传授的过程，更是情感交流与心理支持的重要契机。高中阶段的学生正处于认知、情感与人格快速发展的时期，他们在学习过程中常常伴随诸如焦虑、紧张、缺乏动力等复杂心理状态。因此，教师要在英语课堂中注重学生心理需求的识别与回应，成为学习支持的引导者而非单一的知识讲授者。积极心理学强调关注人的潜能与积极情绪，这促使教师在日常教学中更加主动地与学生开展沟通，倾听他们在学习英语过程中的困惑与诉求，进而通过调整教学内容、设计更具人文关怀的教学情境，满足学生的心理期待。与此同时，教师也应注重教材的多维开发，结合学生的思维模式与兴趣点展开知识引导，使教学过程变得更具针对性与参与感。通过这样的心理关怀与个性化教学融合，教师不仅能更好地了解学生，也能够有针对性地优化教学策略，增强课堂的互动性与实效性，提高英语教学质量。

（二）提升学生对英语知识的探索兴趣

学习的动力，根植于兴趣与探索欲望的激发。在传统高中英语课堂中，教学内容往往过于侧重语言知识的系统输入，而忽略了学生内在学习动机的唤起，导致学生在学习过程中出现“被动听讲、机械训练”的现象。积极心理学的引入为课堂注入了情绪调动与兴趣激发的因子，通过营造积极、支持性强的学习氛围，引导学生从“要我学”转变为“我要学”。在此背景下，教师可通过情境设计、任务驱动、跨学科融合等方式，激发学生对英语学习的好奇心。例如，在学习与科技、文化、环保相关的单元内容时，引导学生围绕真实问题进行探究与表达，从而将抽象知识具体化、生活化，使学生在任务驱动中自然产生兴趣与思维的活跃。与此同时，积极心理学倡导对个体

潜力的信任与激励，教师应在课堂中给予学生更多正向反馈与心理支持，让学生在尝试中建立成就感，在探索中收获学习的意义与乐趣，从而提升他们对英语学习的内在驱动力。

（三）有助于提高英语课堂的教学质量

积极心理学理念的融入为英语课堂带来了教学范式的重构。与以往强调“灌输—记忆—测试”的传统模式不同，积极心理学更强调教育的整体性发展与情感价值，主张通过关注学生的心理需求与成长状态，打造充满信任、激励与合作的教学环境。在这样的背景下，教师不再仅仅传授知识，而是以“引导者”“支持者”“激励者”的多重角色参与教学的全过程。通过对教材内容的再创造与情境化拓宽，教师能够根据学生的兴趣和心理状态调整教学节奏与策略，使语言知识不再是孤立的技能，而成为沟通表达、跨文化理解与思辨能力提升的载体。同时，教师在课堂中注重创造情绪积极、师生关系和谐的氛围，使学生在轻松中提升表达欲望，在鼓励中克服心理障碍，这种由心理认同而生的学习动力进一步提高了课堂效率。此外，教学评价也趋于多元化与人性化，不再局限于标准化测试，而强调过程性记录与成长性反馈，使课堂真正成为培育语言能力与健全人格的双重空间，全面提高教学质量。

二、基于积极心理学高中英语教学方法的创新

（一）拓展英语教学知识，满足学生心理需求

对于很多的高中英语教师而言，他们在进行英语教学时很少与学生进行交流与沟通，对学生的学习心理需求也并不是很了解，在进行英语教学计划和规则的制定过程中往往是依据之前的内容和经验来进行设计理念，学生的学习兴趣和好奇心普遍不强。对于学生而言，他们对于知识的学习大多来源于自身对知识的好奇心，还有爱学习的态度，以及对知识对错的判断及使用的灵活性和独创性，这不仅能够让他们对知识进行理解，还能够引导学生对周围的事物进行观察，提升自身的社会经历，这都属于智慧与心理需求的一大内容。所以，教师在进行英语教学的过程中要不断地创新教学内容，严格贴合教材和日常，正确使用多媒体信息技术来对英语知识进行有效扩展和丰富，充实整个课程英语内容。

（二）鼓励学生进行表达，激发学生勇气

在高中英语教学过程中，学生口语表达能力的培养一直是教学中的薄弱环节之一。许多学生虽具备了一定的词汇储备和语法知识，却依然无法在真实情境中自然地表达自我，其根本原因往往不在于知识匮乏，而是缺乏语言运用的自信与勇气。而这一心理层面的障碍，恰恰是传统教学模式所忽视的重点。积极心理学的引入为此提供了新的教育视角，它强调从个体心理的正向发展出发，通过激励、肯定与正向反馈等方式激发学生内在潜能，帮助学生逐步建立起表达的意愿与信心。

在积极心理学理念的引导下，教师不再将"正确答案"视为课堂交流的唯一目标，而是更加关注学生在表达过程中的主动性与参与感。这种教学观念的转变，有助于营造出更加宽松与安全的课堂氛围，使学生在表达中减轻心理负担，从而逐步突破"开口难"的困境。教师应当意识到，每一位学生的表达潜能并非天然具备，而是需要在长期鼓励与正向引导中被激发与锤炼。因此，在教学过程中，教师应通过设定合理的表达任务，给学生创造表达的空间与契机，在表达内容上鼓励个性化思考，在表达方式上包容多样性选择，真正做到尊重差异、鼓励尝试、重视过程。

激发学生表达勇气的关键，还在于教师对学生心理状态的敏感捕捉与回应能力。教师应对学生在表达过程中可能产生的焦虑、紧张或自我怀疑给予及时疏导，并在课堂中形成一种基于信任与鼓励的互动机制。尤其在学生表达出现困难或错误时，教师的回应方式极为重要。积极心理学提倡对错误持宽容态度，并将其视为成长与进步的契机。因此，教师应避免负面评价所造成的挫败感，而是用引导性的语言帮助学生反思并调整表达策略，在不断的尝试中积累成功经验，从而提升自信，增强表达的稳定性与流畅性。

进一步而言，口语表达能力的提升不仅关涉语言技能本身，更与学生的心理成长密切相关。教师通过积极的言语激励、情绪陪伴以及价值认同的传递，能够有效激发学生对语言学习的归属感与意义感，使其逐渐建立起对英语作为交际工具的认知态度，意识到表达的价值不仅体现在课堂表现上，其更是一种真实社会交往与自我呈现的能力。这种认知的内化，将反过来深化学生的学习动机，并为其日后在更复杂情境中的语言使用奠定坚实的基础。

（三）采用分组探讨学习，拉近学生间的关系

在积极心理学理念的引导下，高中英语教学不仅关注知识的传授与能力

的训练，更强调学生情感体验与心理成长的协调发展。分组探讨学习，作为一种具有高度互动性与参与性的教学策略，其作用远不止于知识掌握层面的促进，更在于营造一个支持性强、沟通频繁、关系和谐的学习共同体。通过小组合作的形式，不同背景、性格与能力层次的学生被有机地组合在一起，在共同的学习目标驱动下展开探讨，这种形式有效地淡化了传统课堂中“个体孤立”式的学习模式，使学生间的情感联结与社会交往能力得以自然生成和提升。

从积极心理学的角度看，分组探究的过程本质上是一种社会化学习的体现，它不仅促使学生通过语言输出进行深度加工，还在协作中发展自我认知、尊重差异与增强归属感。教学中合理设定小组任务，如问题讨论、主题研讨、角色扮演或情境模拟，不仅能够激发学生在表达与思考中的积极性，还能促使学生相互倾听、共同协作、互相鼓励。在这样的过程中，每个学生的声音都获得了一定的尊重与回应，个体在被倾听与被接纳中逐步建立自信与安全感，学生之间的关系也随之逐步拉近，课堂氛围更趋于平等、开放与温暖。

教师在设计和引导小组探究活动时，应充分考量任务的开放性与多样性，确保每位学生都能在其中找到自身角色与价值。任务安排上应避免“优生主导、他人配合”的局限模式，而应更多强调集体责任、平等发言与多维贡献，从而让学生在参与过程中真正感受到合作的意义与合作带来的成长。教师同时应关注小组内部的互动质量与情绪状态，适时提供支持与指导，避免因分组差异或性格冲突引发负面体验，确保合作学习成为一次积极的心理建构过程。

分组探究不仅能促进学生的英语学科能力，更对其综合素养的提升起到积极作用。在协作中，学生学会倾听与表达、协商与妥协、分享与共创，这些能力在未来社会生活与职业发展中皆具有不可或缺的价值。同时，小组合作中所形成的情感联结，也有助于构建更稳定的学习社群氛围，让学生在心理层面获得支持，在认知层面得到启发，在价值层面形成认同，从而实现情感、认知与社会性发展的同步提升。

（四）引导学生课后反思，提升学生审慎意识

在积极心理学的指导下，教育不仅应关注学生的知识掌握和技能训练，更要着眼于学生心理品质的提升与内在能力的成长。其中，课后反思作为提升学生自主学习力与元认知能力的重要环节，对于培养学生的审慎意识具有

不可替代的价值。在当前的高中英语教学实践中，教师往往倾向于将课后学习简化为作业布置和任务完成，忽视了学生在学习过程中思维的梳理与情感的整理。这种模式虽短期内有助于巩固知识，但长期来看却难以激发学生的深度思考与主动学习精神，也无法有效培养其理性判断与独立思维的能力。

课后反思不仅是一种学习策略，更是一种心理自我调节的过程。通过反思，学生能够从被动接受转向主动建构，从机械记忆走向理解吸收。这种认知层面的转变，促使学生不断审视自身的学习行为、情绪体验和目标设定，发现问题、归因原因，并尝试寻找解决办法。而这一过程中的思考、整合与改进，正是审慎意识发展的重要体现。审慎并非简单的犹豫或保守，而是在面对选择和判断时所表现出的理性态度与深思熟虑的能力，能够有效帮助学生规避盲目学习和冲动行为，提升学习的深度与效能。

在教学实践中，教师应主动引导学生在课后形成自我反馈的习惯，可以通过设计反思性问题、组织学习日志撰写、开展小组交流等方式，让学生在回顾知识点的同时，深入分析自身的学习动机、理解难点与策略效果。这种引导不应局限于对知识掌握的追问，更应涵盖学习态度、方法运用与心理体验的整体反思。在此基础上，教师还应积极营造宽容、支持的学习氛围，使学生敢于面对自身不足，并在反思中找到成长的方向与信心。

（五）与日常生活结合，引导学生发散思维

在积极心理学所强调的“意义建构”与“积极体验”基础上，英语教学不应只是语言知识的积累，更应成为学生情感共鸣、价值认同与思维拓宽的发生场所。将英语学习与学生的日常生活相结合，正是实现这一目标的有效路径。在现实中，许多学生之所以对英语学习缺乏热情，往往是因为在教学过程中感受不到英语与现实生活之间的内在联系，语言被抽象化为考试工具，缺乏情境依托与情感投射，学习也因此显得空洞乏味，无法激发学生的创造力与探索精神。

将语言与生活融合，不仅是教学情境的拓宽，更是对学生思维模式的一种重构。通过引导学生从身边的真实生活出发，关注生活中可感知、可表达、可探讨的事物，教师能够有效打破传统教学中过于强调规范性与程式化的问题，让学生的语言表达不再拘泥于课本内容，而转向对自我、社会、文化等更广泛领域的真实表达。在这一过程中，学生的思维不再线性单一，而趋向于开放、灵动与多元，思维的发散性由此逐步增强。

在教学组织上，教师应鼓励学生围绕日常生活中的现象、经历与观察展开语言创作，如对校园生活的描述、家庭成员的描绘、节日活动的分享、对社会问题的思考等。这些内容既贴近学生的认知背景，又能激发学生表达自我、理解他人、思考生活的内在动力。更重要的是，在这些与生活紧密相连的表达任务中，教师可以引导学生融合希望、幽默、包容、同理等积极心理学中的人格力量，使语言表达更具温度与深度，从而培养学生感知美、欣赏美与创造美的能力。

与此同时，生活化的教学视角还为学生提供了多角度观察问题的机会，推动其在多元视域中进行比较、联想与创新，进而提升思维的广阔性与独立性。发散性思维并不意味着离题和随意，而是一种基于现实认知的创造性建构，是从熟悉中发现新意、从细节中挖掘价值的思维习惯。这种能力的培养，恰恰是培养英语核心素养的重要组成部分，也是学生在未来社会中实现语言应用与人格成长融合发展的关键要素。

第四章　高中英语课堂教学的体系架构

在核心素养导向逐步深化的教育背景下，高中英语课堂教学的整体建构不再局限于知识传授，而是转向综合能力的系统培养。因此，建立科学、系统、具有前瞻性的课堂教学体系架构，已成为提升英语教学质量的关键所在。本章从教学观与学习观出发，厘清当前高中英语课堂教学的基本理念，进一步明确教学的目标定位与任务分配，并深入探讨教学有效性管理。通过构建层次分明、逻辑清晰的课堂教学体系，不仅有助于增强教师的教学实践指导力，也有利于促进学生核心素养的全面发展，从而实现教学质量的稳步提升和课堂育人功能的有机融合。

第一节　高中英语课堂教学观与学习观

一、高中英语课堂教师的教学观

高中英语课堂教师的教学观正经历着深刻的变革。随着新课程标准的实施与核心素养理念的深入人心，教师的教学观不再局限于传统的知识传授，而是更加注重学生综合能力的培养与个性化发展。教师的角色从单纯的知识讲授者转变为学习的引导者、促进者和合作者，致力于营造开放、互动、富有启发性的课堂环境，这种教学观的转变不仅关乎教学方法的革新，更关乎教育理念的升华，它要求教师以学生为中心，关注每一位学生的成长需求，激发他们的学习兴趣与潜能，为学生的未来发展奠定坚实的基础。

（一）面向全体学生，满足不同需求

高中教育作为面向大众的基础教育，其核心目标是为全体学生的终身发展奠定坚实的基础。英语教学作为高中教育的重要组成部分，亦需秉持这一理念，确保每一位学生都能在英语学习中获得必要的知识与技能。然而，学生在英语学习过程中存在诸多差异，包括智力水平、学习习惯、兴趣爱好、性格特点、学习态度、语言基础、学习能力以及学习方式等。这些差异是学生个体发展的自然体现，教师必须承认并尊重这些差异，以学生的先天禀赋为基础，充分挖掘和发挥学生学习英语的潜能，帮助学生形成稳定的、长期发挥作用的基本品质结构。

教师在教学过程中应全面关注学生的英语学习过程，包括思想、知识、身体和心理品质等方面。通过细致入微的观察和分析，教师能够更好地了解每一位学生的学习需求，从而设计出更具针对性的教学活动，满足不同学生的多样化学习需求。这种面向全体学生的教学观不仅有助于提升学生的英语能力，还能促进学生的全面发展，为他们的未来学习和生活奠定坚实的基础。

（二）重视基础学习，为未来发展准备条件

英语教学的核心目标之一是帮助学生掌握扎实的语言基础知识，为他们未来的升学、就业以及终身学习创造有利条件。随着我国对外开放程度的不断提高，经济、文化和社会交往日益频繁，外语能力已成为现代社会的重要技能之一。学校教育作为外语知识传播的主要途径，其重要性愈加凸显。因此，高中英语教学的方向应顺应时代潮流，满足个人自我发展和社会发展的双重需求，将英语教育打造成为一种以关注人生、成就人生为主导的人文教育。在这一过程中，教师应注重培养学生的基本英语素养，包括语言知识、语言技能、文化意识、思维品质和学习策略等。通过系统的教学设计和多样化的教学方法，教师能够帮助学生建立起扎实的语言基础，提升他们的语言运用能力。同时，教师还应引导学生关注语言背后的文化内涵，培养跨文化交际能力，使学生能够在多元文化的环境中自信地运用英语进行交流。这种以学生未来发展为导向的教学观，不仅有助于提升学生的英语能力，还能培养他们的综合素质，为他们的未来职业发展和个人成长提供有力支持。

（三）优化学习方式，提高自主学习能力

优化学习方式是增强教学效果的关键环节。一个高效的学习方式能够帮

助学生在学习过程中取得最佳的学习效果。而自主学习能力的培养则是优化学习方式的核心，它能够使学生在学习过程中实现自我调节和自我完善。自主学习能力的培养过程不仅是学生掌握知识的过程，更是引导学生形成积极主动的学习态度和有效的学习策略的过程。

学习方式不仅包括具体的学习方法，还涉及学生在学习新知识或解决问题时所采取的一贯方式。在现代教育理念中，教师应鼓励学生积极参与学习过程，通过自主探索、合作学习和实践应用等方式，提升他们的自主学习能力。教师可以通过设计多样化的教学活动，如小组讨论、项目式学习、角色扮演等，激发学生的学习兴趣，培养他们的合作精神和创新思维。此外，教师还应注重培养学生的自我监控和自我评价能力，帮助学生学会对自己的学习过程进行反思和调整。通过这种方式，学生能够更好地了解自己的学习进度和学习效果，及时发现并解决学习过程中遇到的问题。这种以学生为中心的教学观，不仅能够增强学生的学习效果，还能培养他们的自主学习能力，为他们的未来发展奠定坚实的基础。

二、高中英语课堂学生的学习观

在高中英语教育中，学生的学习观是影响其学习路径与成效的核心因素。因此，塑造科学合理的学习观念不仅是英语学习的关键环节，更是教育工作者与学生群体需共同深入探讨的重要议题。学习观是指个体对英语学习方法、目标及过程的综合认知，这种认知受到文化背景、个人经历以及社会交往等多方面因素的综合影响，从而呈现出多样性和差异性。以下将从自主学习观、终身学习观、多元学习观、优化学习观和创新学习观五个方面探讨高中英语课堂学生的学习观。

（一）确立自主学习观：培育元认知能力，强化学习自我调节

在高中英语课堂中，学生确立自主学习观的过程中，单纯强调学习动机与责任感远远不够，还必须将元认知能力的培养作为核心目标。所谓元认知，指的是个体对自身认知过程的认知与调控能力，涵盖计划、监控、评估等多个维度。在高中英语学习中，学生面临的学习内容复杂多样，学习任务要求更高，仅凭兴趣驱动往往难以支撑持续的学习行为。此时，元认知能力的介入成为提升学习自控力与策略运用水平的关键手段。例如，在阅读理解训练中，具备较强元认知的学生能够在阅读前设定问题、在阅读中自我提问、在

阅读后反思理解偏差；在写作过程中，也能通过草稿审阅与语言修订，提高表达的准确性与逻辑性。因此，教师应在教学中有意识地设置“元认知介入点”，如引导学生制订每日学习计划、记录学习日志、进行阶段性学习反思等，引导学生由“无意识的学习”走向“有策略的调控”。此外，通过小组互评、学习策略分享、英语学习心得展示等活动，也可增强学生对自身学习模式的觉察与优化。长远来看，自主学习观的稳固根基正是元认知能力的日益增强，这种能力将成为学生未来跨学科学习乃至终身发展的内在驱动力。

（二）树立终身学习观：嵌入规划教育，建构未来学习图谱

将终身学习观有效融入高中英语教学，关键在于与学生的生涯规划相结合，使语言学习从“当下有用”延展为“未来所需”。在新时代背景下，全球化与数字经济对英语能力的需求已不再局限于学术研究或国际交往，而是更多地融入数据分析、人工智能、跨境电商、文化传播等新兴领域。因此，英语学习的终身价值应在高中阶段得到初步认知与规划。在具体教学实践中，教师可引导学生结合自身兴趣探索未来职业路径，借助英文职业规划视频、跨文化职场模拟演练、国际新闻解读等方式，帮助学生将语言学习与职业技能连接起来。与此同时，学校应建立英语学习与职业素养相融合的课程模块，如“学术英语写作”“职场英语表达”“跨文化沟通英语”等，提升学生语言能力的现实感与延展性。此外，教师还可借助生涯教育平台，引导学生构建个性化英语学习图谱：短期目标关注词汇积累与语法掌握，中期目标面向语言应用与学术提升，长期目标则聚焦于职业发展与终身学习。在这一过程中，学生逐渐意识到英语不仅是“应试工具”，更是一项面向未来的重要能力，终身学习观也因此自然生根发芽。

（三）践行多元学习观：融合多模态教学，拓宽语言输入输出

多元学习观的实践不仅体现为教学方式的多样性，更应落实到语言学习的“感知通道”与“表现形式”的多元建构上。当前认知心理学研究表明，不同的学习者在语言习得中展现出明显的多模态偏好：有的倾向视觉加工，有的偏好听觉输入，还有的更依赖动作与情境建构。因此，在高中英语课堂教学中应积极引入多模态资源，如图片、音频、视频、交互式软件、虚拟现实等，使语言学习从单一文本输入走向丰富媒介的整合吸收。例如，在教授文学类文本时，教师可通过电影片段引导学生理解人物性格与情节逻辑；在

口语教学中，通过角色扮演与体态模拟增强语用理解；在写作训练中，利用思维导图、语篇结构图等工具辅助学生厘清逻辑关系。多模态教学不仅增强了信息的可感知性，也拓宽了学生的语言表达空间。更为重要的是，它有助于不同类型学生在自身优势通道中建构意义，从而增强学习效果与自信心。践行多元学习观，应当让每一个学生都能在“适合自己”的方式中感受到学习的可能性与价值，这种基于差异的平等，正是教育公平与人本理念的集中体现。

（四）贯彻优化学习观：基于数据反馈教学，提高学习质量

贯彻优化学习观，不能仅依靠学生自身的主观调节，还需引入精准化教学与数据驱动策略，以实现学习资源与教学行为的最优配置。在当前教育信息化背景下，大数据、人工智能等技术为课堂教学提供了前所未有的可视化与量化支持。在高中英语教学中，教师可利用学习管理系统（LMS）记录学生的学习轨迹，包括在线练习数据、错题类型、作业完成情况等，从而进行个性化教学干预。例如，对于词汇掌握不牢固的学生，可推送错题归类、语义联想图谱、专项练习包；对于写作中语法错误频繁的学生，则可引导其使用语法检测软件并结合教师点评进行修改重构。同时，教师还可通过阶段性诊断测试与学情分析报告，发现共性与个性问题，及时调整教学重点与进度。这种基于数据的“精准教学”模式，大大提高了教学的针对性与学生学习的投入度。此外，优化学习还需注重“效率—质量”比的衡量，避免“低效勤奋”的误区。通过科学分配时间、设定优先任务、实施番茄学习法、构建复习回环等方法，学生能够在有限时间内实现更高的知识迁移与能力增长。优化学习观的本质，不是简单地“学得快”，而是通过科学手段“学得好”，最终实现“用得出”的目标。

（五）弘扬创新学习观：激活跨文化思维，发展全球胜任力

创新学习观的深化应超越“新奇形式”与“技术融合”的表层表达，更应将其引向深层认知的转型——特别是跨文化思维与全球胜任力的建构。在全球化语境下，英语早已不再是某一特定国家的语言，而是一种通用的交流媒介和文化载体。因此，学生要在英语学习中发展批判性视角、包容性心态与跨文化敏感力，从而形成面向未来的综合创新素养。在教学实践中，教师可以引导学生对比中西方语言表达的逻辑差异、社会文化的价值取向，以及

礼貌策略中的文化语境。例如，在探讨“尊重”这一主题时，可引导学生分析中英语言中关于称呼、拒绝、建议等表达的异同，激发其对语言背后文化逻辑的认知思考。同时，还可组织学生参与国际虚拟交流项目、全球议题辩论赛、TED 英语演讲等活动，借助真实语境激发学生运用语言表达观点、解决问题、反思立场的能力。这些高阶认知活动本身就是创新学习的内核体现。创新学习观的最终落脚点，应使学生具备“以语言为工具，以世界为课堂”的学习视野与能力，从而在快速变化的未来世界中，拥有持续表达、适应、合作与创新的核心竞争力。

第二节　高中英语课堂教学的基本理念

一、落实立德树人

立德树人是高中英语课堂教学的基本理念之一，英语作为一门具有高度工具性与人文性融合特征的学科，在育人目标的达成中承载着独特使命。落实立德树人，要求英语教学从“知识传授”向“人格养成”转变，从“应试导向”向“价值导向”转化，这一理念的落地，不仅需要理念层面的重构，也呼唤实践路径上的具体探索。尤其在高中阶段，学生正处于人格形成与价值观塑造的关键期，英语课堂在此时发挥的作用不仅是语言能力的培养，更重要的是通过语言学习过程中所蕴含的文化、情感、思维方式，促使学生逐步形成健全人格与正确的世界观、人生观、价值观。

落实立德树人需根植于对“英语学科核心素养”的深刻理解。核心素养不仅是语言能力的简单堆叠，而是涵盖语言能力、文化意识、思维品质和学习能力四大维度的综合性素质体系。在这一体系中，文化意识是价值引领的重要纽带，它不仅指向对中外文化的比较与理解，更强调学生在跨文化交际中所表现出的包容、尊重与批判性思维能力。教师在教学过程中，应主动引导学生对教材中的文化元素进行深入解读，通过文本对比、中外节日习俗、社会价值观差异等主题，激发学生的文化反思力。例如，在教授关于环境保护的语篇时，不仅可以引导学生认识英语国家在环保方面的理念与措施，更可以回溯中国传统文化中“天人合一”的生态观，促发学生对中西方文化异同的思考，并从中汲取行动的伦理动力。

立德树人需通过情境化教学构建真实价值体验。在传统英语课堂中，情感与价值教育往往被边缘化，教师更关注学生的词汇量、语法点掌握程度等“可量化”指标。而落实立德树人理念，要求我们重构教学内容的价值承载方式，将情感、态度与价值观教育融入教学目标与过程。

立德树人还需构建“以学生为中心”的互动课堂生态。在传统教学中，教师往往被视为知识的传递者，学生则是被动接受者，这种单向度的教学关系不利于学生主体性的建构。而教育的最终目标并不是灌输某种固定的价值，而是引导学生形成独立判断、自由思考与理性分析的能力。因此，英语教学需积极探索参与式、对话式、合作式的课堂组织方式。例如，在讨论“freedom of speech”（言论自由）这一话题时，教师可以设计小组辩论环节，要求学生在调研资料、组织语言、表达观点的过程中，反复权衡不同价值立场，锻炼其理性思维与责任意识。通过这样的学习方式，学生在语言实践中实现思想碰撞，在对话中学习尊重他人、表达自我，进而建构符合时代精神的价值系统。

此外，落实立德树人，还需关注英语教学的隐性课程功能。课程不仅包括显性知识的传授，也包括教师言行、课堂氛围、学校文化等非正式学习环境对学生潜移默化的影响。在英语教学中，教师的语言风格、反馈方式、对学生差异的包容程度，都可能在无形中传递某种价值取向。例如，当教师在评价学生口语表达时能够注重内容的原创性与逻辑性，而非仅关注语法是否准确、发音是否标准就能够强化学生对创造力、批判思维的正向认同。又如，在教学过程中，教师注重激发学生对弱势群体的同理心，引导学生关注全球性议题（如贫困、气候变化等等），也是在践行英语课程的育人功能。

下面继续撰写第二部分内容，主题为“夯实语言基础”，依然遵循高质量学术性表达的要求，从较新视角展开，字数不少于 2000 字，确保语言风格贴近真实人类写作，紧扣“高中英语课堂教学的基本理念”这一主旨。

二、夯实语言基础

在核心素养导向的教学理念框架下，语言基础的夯实已不再局限于语音、词汇、语法等孤立知识的机械灌输，而是强调语言知识、语言技能与文化理解、思维品质和学习能力的有机融合。夯实语言基础的过程，实质上是学生全面发展路径的起点，它关乎语言能力的可持续性构建，也关系语言学习兴趣与自主学习习惯的形成。

从教学内容层面来看，当前高中英语课程标准明确提出要在有机衔接初中阶段英语学习成果的基础上，进一步扩展语言知识的深度与广度。教师在实际课堂教学中，应合理规划语言知识的呈现方式，重视语法体系与语篇结构之间的关系，摒弃单点教学与脱离语境的训练方式。以词汇教学为例，传统教学过度依赖词义记忆与默写训练，而忽视了词汇的语用功能与语义延展能力。新理念下的词汇教学应强调“词汇的功能性”，即通过语境嵌入、语块运用和语义网络建构，引导学生形成以语境驱动的词汇使用能力，从而实现词汇知识到语言运用的真正转化。

语法教学同样需要跳出“规则记忆—练习—测验”的僵化逻辑。夯实语法基础的关键在于语法意识的建立，即学生能在具体语篇中觉察语言结构的作用与逻辑意义，并在语言表达中有意识地运用恰当结构完成交际意图。这一过程强调学生对语言形式与语言意义的关联性认识，需要教师精心设计语法输入场景，如基于语境的结构再创造、语言迁移练习、交际任务中的语法回顾等，以形成“形式—意义—运用”的递进式学习机制。

从教学方法角度出发，夯实语言基础并不意味着复归传统教学中的填鸭式训练与重复模仿，而是在学生发展语言能力的过程中注重思维的激发与文化意识的滋养。基于任务型教学（TBLT）理念的活动设计，就是一种有效的路径。例如，在处理阅读任务时，教师可引导学生围绕文章的中心观点、逻辑结构与文化内涵开展小组讨论、思维导图重构、情境复述等活动，使学生在语篇理解过程中兼顾语言知识的习得与思维能力的训练；在写作训练中，则可采用过程写作模式，通过“构思—起草—修改—评价”的完整流程，帮助学生在实际语言输出中深化语言结构的理解与语用策略的运用。

更为重要的是，夯实语言基础的过程不应忽视“语言与文化”的深度关联。语言不仅是交际工具，更是文化载体。在当前的高中英语教学中，语篇材料越来越强调多样性与国际视野，涉及不同国家的社会现象、历史背景与价值观念。教师应抓住这一契机，引导学生在语言学习的同时提升跨文化意识与比较性思维。例如，在学习关于传统节日、教育制度或价值观念的材料时，引导学生思考中西文化异同，分析语言如何传递特定文化意义，在对比中理解语言背后的世界观。这种“文化嵌入式”的语言教学，有助于学生形成更具开放性与包容性的思维模式，使语言学习不再是孤立的技能训练，而是深层次的人文体验。

三、提高学用能力

在核心素养导向下的高中英语课堂教学中，语言的“学”与“用”早已不应是彼此割裂的两个阶段，而应成为教学中密不可分的整体。从语言学习的本质来看，任何语言都植根于交际之中，其存在意义不在于知识的静态积累，而在于动态运用的能力实践。提升学用能力，正是当代高中英语课堂实现育人功能、达成核心素养的重要路径，这不仅是教学理念的更新，更是对教学目标、课堂结构、学生参与方式的系统重塑。

（一）从“知识输入”走向“能力生成”

传统高中英语教学长期存在“重知识、轻能力”的倾向，教师往往侧重于语言知识的讲解与机械操练，忽略了学生语言运用能力的发展。面对这一问题，新时代的课堂理念强调语言学习的实践性本质。教学目标不应仅聚焦于“教会”学生知识，而应致力于“激发”学生在真实语境中的语言应用潜能。要真正实现从“输入主导”到“输出驱动”的转变，就必须打破封闭式的教学结构，引导学生参与开放性语言活动，构建互动性强、生成性高的学习场景。

在实际教学中，这一理念可通过“学用一体”的课堂设计来体现。例如，教师在讲授完一个与主题相关的词汇与句型后，不应立即转向下一个知识点，而应创设相关语境，引导学生将所学知识转化为任务表达。例如，在“环境保护”主题中，教师可引导学生基于真实问题完成“环保倡议书”的撰写、小组辩论、“绿色校园”设计方案展示等任务，促使学生在真实语言情境中整合语言知识与逻辑思维，实现学用能力的生长。

（二）注重多模态输入与交互式输出

语言的使用不仅限于文字与语音，更是视听、动作、图像等多模态要素的综合表现。在新时代信息技术背景下，高中英语课堂的语言学习不再局限于“读写译”等线性训练，而是在多模态资源的整合中，构建丰富、真实的交际环境。提高学用能力，必须从多模态输入与输出的互动中展开。

在高中英语课堂教学实践中，教师可借助视频材料、播客、短剧、情境动画等多样化载体，让学生沉浸式接触真实语言材料。例如，通过观看 TED 演讲片段训练听力、模仿语音语调；通过分析英语广告学习语言修辞与文化风格；通过参与配音、角色扮演等形式，实现语言的跨模态表达。这种多模态教学方式不仅增强了学生语言感知的丰富性，也拓宽了语言输出的表现空间，使学生在动态、互动的语言环境中培养真实的语言表达能力。

（三）以问题解决激发学生语言迁移力

学用结合的核心不在于语言形式的“复制”，而在于语言迁移与创造性表达的能力。任务驱动型教学正是一种注重语言实践、强调问题解决的教学理念，其核心在于通过真实或仿真任务，引导学生在语言运用中习得与内化知识，并逐步形成分析问题、解决问题的跨领域能力。

高中英语教师在设计任务时，应考虑任务的真实性、挑战性与多元路径。例如，在“科技与生活”主题中，教师可布置“未来智能校园”构想设计任务，学生需查阅英文资料、撰写英文说明、制作展示 PPT，并进行现场演讲。任务完成的过程不仅涉及语言综合应用，也激发学生的信息处理能力、协作沟通能力与批判思维能力。在这种“做中学”“用中学”的过程中，语言成为思维的工具，学习的目标也从“记住语言”自然过渡到“用好语言”。

（四）引导学生深层表达与情感态度输出

语言的使用不仅是技能层面的输出，更是价值观、情感态度与个体声音的体现。提高学用能力的教学理念，应超越表层语言表达，进入学生认知深处，引导其通过语言形成个性化表达与文化立场。换言之，教师不应满足于学生“说出”或“写出”某一语言结构，而应激发其“说什么”“怎么说”以及“为何这么说”的内在思辨。例如，在高中英语课堂文学文本教学中，通过引导学生评价文本人物、重构结局、改写对话等方式，不仅训练了语言表达的灵活性，更提升了学生的思辨性表达能力。又如，在讨论社会议题（如“网络时代的隐私问题”“中西方教育差异”等）时，教师应鼓励学生表达真实立场，引导其在文化比较中锻炼批判性思维，在论证推理中提升逻辑组织力，这种以表达促思维、以语言铸思想的教学路径，是学用能力培养的关键进阶。

第三节 高中英语课堂教学的目标与任务

一、高中英语课堂教学的目标

（一）语言能力：多维度语言运用的核心目标

在最新的高中英语教学目标体系中，语言能力仍然是最为基础且至关重要的组成部分。语言能力的培养不仅限于语言知识的学习，更涵盖了在实际生活和交流情境中灵活应用语言的能力。根据新的课程标准，语言能力目标已经从单纯的听、说、读、写四个技能的训练，发展到更为复杂的、多维度的语言运用能力的培养。

听力理解是语言能力的核心之一。学生不仅需要理解课堂用语和教材内容，更应能在真实的交流场景中理解不同语速、不同话题的口语表达。例如，在实际对话中，学生需要能够识别和理解对方的意思，处理信息并进行反馈，这种听力能力的培养有助于学生适应各种交流情境，如听懂演讲、广播、新闻等。听力训练也不仅限于基础的听懂单个句子的内容，更应培养学生在复杂情境下提取关键信息和理解细节的能力。通过有目的的听力训练，学生不仅能够提高信息获取的效率，还能在实际交际中表现出良好的语言敏感性和应变能力。

口语表达能力的提升是语言能力目标的重要一环。高中英语课堂不仅注重学生对课文内容的重复和问答，更加强调学生通过多种形式的口语交流来提高表达能力。例如，通过课堂讨论、角色扮演和情境模拟等活动，不仅能帮助学生在有趣的互动中练习语言，还能提高学生的语言流利度和自信心。这些活动能够模拟真实的交际情境，激励学生主动表达自己的观点、提出问题、作出回应，从而促进语言的灵活使用。口语能力的提升不仅限于日常生活中的问候、表达需求等基本交际需求，还应涵盖批判性思维和观点表达，培养学生的逻辑性和表达的严密性。

在阅读方面，学生的语言能力目标不仅是要能够流畅地读懂课文，还包括理解更为复杂的文本，尤其是跨文化背景下的文学作品和非文学材料。学生应能在阅读中提取文章的主旨和关键信息，分析文本中的深层含义，并理解文化背景对语言使用的影响。通过培养学生的阅读理解能力，能够帮助其扩大词汇量、提升语法结构的理解能力，同时培养批判性思维和分析问题的能力。无论是文学作品的情节分析，还是新闻报道的事实辨析，阅读能力的提升都能够帮助学生更好地理解和运用语言。

写作能力的培养则是语言能力发展的高级阶段。在这个过程中，学生不仅要能够完成基础的写作任务，如写作简单的日常信件、便条、日记等，更要在较为复杂的语境中运用所学语言进行论证、分析和讨论。高中英语写作训练应当鼓励学生通过逻辑清晰、语言简练的方式表达观点，并在写作中加强对文章结构、语言流畅性和思维的严谨性的训练。通过引导学生进行议论文、说明文和创意写作的训练，教师能够帮助学生在语言的使用上达到更高的综合水平，进一步增强其书面语言表达的能力。

（二）文化意识：培养全球视野与本土认同

随着全球化的推进，跨文化交流已经成为现代社会的一项基本能力。因此，在高中英语教育中，培养学生的文化意识不仅是让他们掌握一门外语，还要让他们通过英语学习来理解和欣赏中外文化的差异与共通之处，并且能够在跨文化交流中体现出对文化的尊重与自信。

文化意识的培养要求学生对外语国家的历史、文学、艺术、习俗等方面有一定的了解。通过英语课程中的文化学习，学生不仅能够了解英语国家的社会背景和文化传承，还能通过文学作品、影视作品等形式，感受不同文化中的思想观念和价值体系。例如，教师可以通过对比中西方节日的庆祝方式、家庭观念、社会制度等方面的差异，帮助学生意识到文化的多样性和相对性。这种对文化多样性的尊重，不仅能够帮助学生了解其他文化，还能促进其从全球视野来看待世界问题。

文化意识的培养也应注重增强学生的文化自信。在英语学习中，学生不仅要了解外语国家的文化，还要通过比较，认识到中国文化的独特性和优越性。教师应引导学生深入挖掘中华文化的精髓，并通过“英语语言”这一载体，传播中国文化的丰富内涵。例如，学生可以在学习英语的过程中，了解中国的传统节日、历史人物、现代成就等，以增强其文化认同感和自豪感。同时，鼓励学生在学习英语的过程中，把握文化的主导权，通过跨文化交流，积极传播中国文化的独特魅力。

通过培养学生的文化意识，英语课堂不仅是语言的传授地，更是思想、文化交流的平台。学生在学习英语的过程中，不仅要学会语言，还要学会如何在不同的文化语境中进行有效的沟通与表达，如何在多元文化的环境中立足并自信地展示自己的文化身份。

（三）思维品质：培养批判性与创新性思维

思维品质是指学生在英语学习过程中展现出的思维深度、批判性、创新性等认知能力。随着教学理念的转变，高中英语课堂的目标不仅是帮助学生掌握语言知识，更要培养学生独立思考、批判性分析和创新性解决问题的能力。这一目标的核心在于引导学生通过语言学习，拓宽思维的广度与深度，培养其综合分析、批判性思维和创造性表达的能力。

批判性思维的培养尤为重要。在高中英语课堂中，教师不仅要帮助学生理解课文内容，更要鼓励他们对文本进行深度分析，提出疑问并进行思考。例如，学生可以通过对一篇文章中观点的质疑和评析，锻炼自己的判断力和批判性分析能力。在面对不同观点时，学生应能够通过理性分析，作出合理的判断，并通过语言表达出来。批判性思维不仅是对语言文本的解读能力，更是对不同文化、思想和理念的深入剖析能力。

创新性思维则是在英语学习中解决新问题的能力。通过英语的学习，学生不仅要掌握已有的知识，更要学会在新的语境中运用这些知识，创造性地表达思想和观点。教师可以通过让学生进行主题讨论、辩论或独立写作等方式，鼓励他们从多角度思考问题，提出新的看法和创意。这种创新性思维的培养，能够使学生在面对未知领域时，保持开放的心态，主动寻找解决问题的新途径和新方法。

（四）学习能力：培养自主学习与持续进步的意识

随着信息技术的发展和全球化进程的加速，学习不再仅仅局限于课堂。高中英语课堂教学的目标还应包括提高学生的学习能力，使其能够在自主学习的过程中不断进步。学习能力的培养不仅是提高学生的学习效率，更重要的是培养学生自主选择学习材料、制订学习计划、评估学习进程的能力。首先，学生应学会如何设定学习目标，并根据目标进行学习规划，这种能力的培养能够帮助学生在英语学习中明确方向，集中精力解决具体问题，从而避免盲目学习和无效学习。例如，教师可以通过让学生参与学习计划的制订、学习策略的选择等活动，帮助他们树立主动学习的意识，并为其提供必要的学习资源和支持。其次，学习能力的培养还应注重学生的自我监控和调整能力，在高中英语学习过程中，学生应学会定期评估自己的学习进展，发现问题并进行调整。通过这一过程，学生能够不断完善自己的学习策略和方法，从而在日后能够持续提高语言能力。教师的角色不仅是知识的传递者，更是学习方法的引导者和学习策略的设计者。通过这些学习能力的培养，学生不仅能够在高中阶段取得优异的学习成绩，还能在未来的学习和生活中形成终身学习的能力，持续提升自己的综合素质和竞争力。

二、高中英语课堂教学的任务

（一）学生掌握学习策略

学习策略主要是指学生为促进语言学习和语言运用而采取的各种行动和步骤。学习策略的使用表现为学生在语言学习和运用的活动中，受问题意识的驱动而采取的调控和管理自己学习过程的学习行为[①]。

1. 在听力教学中培养策略意识

高中英语听力教学不仅是语言输入的重要途径，也是培养学生学习策略的关键环节。与其他语言技能相比，听力具有不可逆性和即时性，这就要求学生必须具备快速处理信息和动态调整注意力的能力。要有效提升学生的听力理解水平，仅靠反复播放录音是不够的。教师应有意识地引导学生掌握并运用科学的听力策略，如预测、抓关键词、理解语境、排除干扰等，使学生在短时间内获取最大的信息量。

（1）预测策略的引导与训练

预测是听力理解中的前置策略，它能够激活学生的背景知识和语境意识，从而提前构建听力内容的预期框架。教师可以在播放录音之前，通过提供关键词、相关图片或设置场景，让学生对接下来的内容进行合理推测。例如，在一段关于旅游的听力材料播放前，教师可以呈现“travel，ticket，museum，hotel”（旅行、票、博物馆、酒店）等词汇，引导学生思考听力中可能出现的内容。这种预测不仅能激发学生的兴趣和注意力，还能有效减轻听力焦虑，

① 朱志文．高中英语课堂教学的基本课型与设计［M］．长春：吉林大学出版社，2020：48.

提高信息接收的效率。

在教学实践中，预测训练可以通过以下方式进行：①教师提供部分文本信息，让学生补充预测内容；②组织小组讨论，围绕话题展开推测；③结合学生日常经验进行情境模拟。这些方法既提升了学生的主动思维能力，也为后续的听力理解打下了基础。

（2）抓关键词策略的强化应用

听力材料往往信息量大、语速快，学生在短时间内要获取主要内容，关键在于识别关键词。关键词通常包括时间、地点、人物、数字、因果关系词、转折词等。这类词汇是信息结构的骨架，抓住它们，就能把握整体意思。

为了提升学生识别关键词的能力，教师可以设计专门的训练环节。例如，在播放听力材料时，要求学生在听前标出可能出现的关键词，在听时快速记录实际听到的关键词，并在听后进行归纳分析。也可以通过对比练习，让学生比较有关键词提示与无提示条件下的听力表现，体会关键词策略的实际作用。此外，教师还可以引导学生关注语音特征，如重读、停顿、语调等，通过语音信号定位关键词。

（3）利用语境理解信息的能力训练

在真实语境中，语言往往是非线性、模糊甚至含混的。学生在听力理解中常常会遇到生词、口音、噪声等干扰因素。此时，理解语境、整合上下文信息就显得尤为重要。语境理解策略要求学生不被个别生词困扰，而是从整体语义出发，推断出句意甚至段落主旨。

在教学中，教师可以选取具有一定语境复杂性的材料，指导学生分析上下文之间的逻辑关系。例如，一段讲述购物经历的材料中，虽然学生听不懂"refund"（退款）一词，但可以通过"return the product"（退回商品）与"get my money back"（拿回我的钱）等表述推测出其意思。通过对语境的分析，学生可以提升容错能力，增强听力理解的韧性。

（4）多轮听力策略的结构化训练

一次性听懂听力材料对很多学生来说是有难度的，因此多轮听力训练是一种有效策略。第一轮听整体，第二轮听细节，第三轮听逻辑关系，逐层深入，形成分阶段理解的体系。教师可以设置任务链：第一轮预测主旨，第二轮填空细节，第三轮复述内容。通过有目的的多轮训练，学生不仅能提高理解精度，还能增强对听力材料的记忆与再加工能力。此外，多轮听的过程中应融入"反思环节"。即每次听后，要求学生写下自己掌握了什么，哪里遗漏了，原因是什么，以及下一轮准备采用什么策略。这个过程本身就是一种策略的自我觉察和优化，有助于学生形成“策略性思维”。

（5）引导学生建立听力日志，进行策略反思

为了持续提升学生听力策略的意识和应用能力，建议在课堂之外布置“听力学习日志”任务。每次完成听力训练后，学生记录以下内容：①本次听力的主题与类型；②使用了哪些策略（如预测、记关键词、复述等）；③策略是否有效；④遇到的困难与对策；⑤下一次准备优化的地方。这种写作任务可以帮助学生从被动执行走向主动管理学习过程，是实现策略内化的有效方式。

（6）创设真实听力情境，拓宽策略应用场域

英语听力教学不能局限于课本材料和考试范式，而应延伸到真实语境中。教师可通过组织模拟对话、角色扮演、观看英文视频、收听英语新闻等方式，为学生创设更真实的听力场景。在这些场景中，学生面对的语言输入更自然、语速更快、干扰更多，这对策略的灵活运用提出了更高要求。通过反复训练，学生逐渐能够迁移课堂上掌握的策略至实际语境中，提升综合听力能力。

2. 阅读教学培养策略

高中英语阅读教学在语言学习中占据核心地位，是学生获取信息、理解语篇、提升综合语言运用能力的重要途径。随着英语教学目标从单一知识掌握向综合素养发展转变，培养学生在阅读过程中的学习策略已成为不可或缺的一环。尤其是在文本内容复杂、语篇结构多样化的背景下，高中英语应着力引导学生掌握信息筛选与意义建构的策略，提升其在阅读中的主动性和批判性思维能力，从而实现对文本的深层理解与知识迁移。

（1）引导学生掌握“速读”与“略读”技巧，提高信息筛选效率

高中英语阅读材料覆盖的题材广泛，篇幅普遍较长，信息密度较高。面对考试限时与学习任务的双重压力，教师必须帮助学生掌握速读与略读等高效的阅读策略。这些技巧可以显著提高学生在短时间内定位关键信息、筛选主要内容的能力，避免因逐字逐句阅读而耗时过多、效率低下。

在高中英语课堂教学实践中，高中英语应通过明确的策略训练路径引导学生实践：在速读训练中，教师可设置“30 秒内找出文章主旨句”的任务，培养学生快速浏览结构的能力；而略读练习则可以通过“在一段文字中找到具体信息”如数字、时间、人物等来进行目标定位。通过系统性训练，学生能够逐渐建立“目的导向型”阅读意识，改变以往漫无目的、盲目阅读的低效模式。

（2）教授语篇结构分析策略，提升学生对文章逻辑的理解能力

在高中英语阅读教学中，理解文章的逻辑结构对于把握作者意图和文本主旨至关重要。学生若仅关注词汇和句子层面的意义，很容易忽略文章整体结构带来的思维导向。因此，高中英语教学应强化语篇结构分析策略的训练，引导学生从“结构性”角度进行阅读。

具体而言，教师可以从不同文体的结构特点入手，引导学生识别叙述文的起承转合、说明文的总分关系、议论文的论点—论据—结论三段式布局。在此基础上，指导学生利用连接词（如 however 然而，therefore 因此，in addition 另外等）判断语义转折或递进；利用段落主题句把握段落主旨；通过归纳总结的方法提炼文本核心内容。这种结构性阅读策略，不仅有助于学生形成整体理解，而且为后续的写作模仿与语篇生成提供了模板。

（3）强化批判性思维的培养，引导学生在阅读中形成多角度认知

高中英语阅读不应局限于对文章字面意义的理解，更应向深层的思维品质拓宽。特别是在面对观点类文本、文化差异较大的材料时，引导学生进行批判性思考，是提升阅读策略的关键手段之一。通过培养“质疑—分析—评判”的思维链条，学生能在阅读中，提升对信息的加工与辨析能力。

教师在课堂上可以设计多样的批判性阅读活动，如设置“支持 / 反对作者观点”的辩论任务；引导学生从不同文化视角重新审视文本；鼓励学生提出疑问性问题，例如“作者是否存在偏见？”“有没有遗漏的论点？”通过这些活动，学生逐步学会不盲从文本、不为字句所限，而是学会用策略性眼光去判断与解构信息，最终实现独立阅读能力的建立。

（4）运用图示与笔记法辅助文本建构，促进信息内化

信息过载是高中生在阅读过程中的常见困难，尤其是当文章涉及大量事实性数据、逻辑链条较长或主题较为抽象时，学生容易感到混乱、难以归纳。为解决这一问题，高中英语应引导学生运用图示策略（如思维导图、流程图、结构图等）与笔记法，在阅读中主动组织信息、建构文本意义网络。

教师可以通过示范“如何把文章段落转化为思维导图”的过程，帮助学生掌握提取关键信息、建立信息关系的技能；同时，引导学生发展个性化的笔记方式，如使用颜色标注逻辑关键词、在文旁批注核心概念、用关键词总结段意等。这种可视化策略能够将抽象内容具体化、将碎片信息系统化，有助于提升学生对阅读材料的理解深度与记忆持久度。

（二）培养良好习惯

在核心素养导向下，高中英语课堂的教学目标早已不再局限于语言知识的传授，而是向着更为系统的能力建构与人格塑造并重的方向迈进。在这一背景下，将培养良好学习习惯纳入高中英语课堂教学的基本任务体系之中，不仅契合学生全面发展的教育理念，更是提升英语学科育人功能、服务学生终身学习的重要路径。培养良好习惯需要注意以下几个方面。

1. 教师引领中的情感激发与榜样示范

在高中英语教学实践中，教师的情感投入与专业素养直接影响着学生习惯养成的效能。良好学习习惯的建立离不开长期、稳定的情感驱动，而这种情感驱动往往来自教师的积极引导与人格感染力。教师在备课、授课及课后指导过程中，应以饱满的情绪、理性的表达和高度的责任意识，引导学生形成对英语学习的积极认知，激发其持续投入的内在动力。通过课堂语言、体态、节奏和对细节的敏感把握，教师能够构建起富有温度的教学氛围，从而对学生行为方式与思维模式产生潜移默化的引导作用。

2. 内容融合中的价值渗透与行为熏陶

习惯的养成与价值观教育密切相关。在英语课堂教学中，将学科知识与育人目标紧密结合，能够有效增强学生对良好行为方式的认同感与主动性。在文本解读与主题探究过程中，教师应注重引导学生关注语言背后的文化意蕴与价值判断，借助语境进行道德情感的熏陶。如在介绍“世界节日”主题时引入中国传统节日，不仅拓宽文化视野，还能增强学生的民族自豪感与认同感；在“伟大的科学家”单元教学中，通过分析科学家的事迹，引导学生理解责任、奉献与理想的内涵。这些德育内容的自然融入，将推动学生逐步在课堂中形成自觉倾听、积极发言、认真思考等基本的学习习惯。

3. 能力训练中的重难点聚焦与策略指导

良好学习习惯的养成并非一蹴而就，它需要系统性的能力训练作为支撑。在高中阶段，英语学习面临更高的内容难度与表达要求，因此教学应聚焦于对关键学习能力的持续培养与习惯化训练。教师需科学设定教学目标，将预测信息、整合归纳、快速浏览、捕捉细节、表达逻辑等策略融入日常教学任务中，通过任务型学习活动、多模态输入与输出等方式，引导学生在反复实践中固化行为模式。例如，围绕语篇理解训练学生养成画关键词、提取主旨的速读习惯；在作文教学中培养其起草、修改、润色的反思性学习习惯。通过持续性指导与即时性反馈，学生逐渐在日常学习中形成稳定、高效的学习行为模式。

4. 思维发展中的认知参与和习惯内化

思维品质的发展是良好学习习惯深化的关键通道。高中英语课堂应通过多样化的教学设计，促使学生在认知层面深度参与，在实践层面主动探索，在思维层面不断提升。思维导图、项目任务、小组讨论、辩论等教学方式的合理运用，有助于引导学生构建逻辑思维、批判性思维和创造性思维框架，从而促进学习习惯从被动接受向主动建构转化。例如，借助思维导图对文本进行结构梳理，有助于学生建立起条理清晰的阅读与表达习惯；在开展课堂讨论时，教师通过问题链设计与延展提问，促使学生养成多角度思考与持续追问的习惯，从而在认知层面实现行为模式的深化与内化。

5. 策略引导中的渐进推进与行为固化

学习策略与学习习惯之间存在高度的互促关系。策略为习惯提供路径，习惯则是策略的长期化表现。在高中英语教学中，教师应根据学生认知发展规律与学习特点，有计划地引导其掌握并内化多样化的学习策略，如语境感知策略、语义推理策略、听读并用策略、合作交流策略、情绪调节策略等，并通过日常教学任务将其转化为行为上的稳定模式。尤其应重视朗读、预习、复习、反思、记录、总结等基本学习行为的训练，使之逐步演变为学生日常学习不可或缺的组成部分。通过设计连续性的学习任务，配合阶段性自我评价与教师诊断反馈，逐步实现从外在引导到内在驱动、从被动模仿到自主建构的学习习惯转化过程。

第四节　高中英语课堂教学的有效性管理

随着课程改革的不断深化，素质教育对英语课堂也有着更为不一样的要求。教学与管理是英语课堂的两个主要内容，对于教学质量的提高和学生英语水平的提高有着重要作用和深刻影响。所以，现在有越来越多的英语教师积极寻找有效提高英语课堂管理与教学效率的方式[①]。

一、高中英语课堂教学有效性管理的内容

（一）教师教学管理

在高中英语课堂教学活动中，教师的教学管理不仅决定着课堂秩序的走向，更直接影响教学目标的达成与教学质量的提高。有效的课堂规则设定，是教师管理工作中的关键环节。规则不仅是一种教学行为的约束机制，更是一种文化建构的体现，它引导学生在课堂中形成自律、自觉的行为意识。科学合理的课堂规则，能够为学生营造一种明确且稳定的心理预期环境，提升其参与课堂的主动性和规范性。同时，有序的规则运行也有助于保障教师在教学组织中的决策权威，从而实现教学节奏的可控与教学行为的有序推进。

教学组织的系统性和条理性是保障课堂高效运转的基础。教师在教学组织中必须关注课前准备、课堂实施以及课后巩固的完整闭环。课前阶段，教师需依据教学大纲与课程标准，结合班级学情制订合理的教学计划，确保教学内容与方法的精准匹配。在课堂实施中，则需突出语言的精练性与交际性，合理规划教学流程，在内容推进上讲求层层递进，在时间分配上做到松弛有度，确保教学活动的节奏流畅。此外，教师还应注重营造积极的课堂氛围，如适时运用鼓励性语言、引导性提问，促使学生在轻松、尊重与信任的氛围中主动学习。

此外，教学管理还应包含对教学反馈机制的持续优化。在课后阶段，教师通过设计针对性强的复习任务和反思性作业，能够帮助学生内化课堂知识，深化理解并提升迁移能力。与此同时，教师应建立系统性的教学反思制度，对课堂教学的得失进行分析评估，不断修正教学方法，提升专业素养与课堂调控能力。综上所述，教师教学管理是推动高中英语课堂高效运行的中枢，是实现课程目标、培养学生核心素养的首要保障。

（二）学生学习管理

在高中英语课堂教学中，学生的学习管理不仅是提升课堂效能的基本保障，更是实现学生自主发展、终身学习的重要支撑。在教学改革背景下，学

① 孔晶．英语课堂教学与管理有效性研究［J］．现代企业教育，2014（24）：152.

生已从传统被动接受知识的主体转变为主动建构知识的合作者与探索者。在这一理念的引导下，课堂教学必须更加注重学生的自主性与能动性，从学习内容的获取到学习成果的转化，每一环节都应体现以学生为中心的教学思想。

在学生学习管理中，教师应在尊重学生自主权的基础上，科学引导学生建立学习目标与任务意识。在实际课堂管理中，教师需根据课程主题与教学内容，明确地向学生提出学习任务，并规定成果呈现的标准与形式。这种明确的学习期待，不仅帮助学生树立目标导向，也增强其学习的计划性和操作性。在此基础上，学生能够通过查阅资料、合作探究、实践演练等方式进行深度学习，从而提升其思维的独立性和问题解决能力。

学生学习过程中的记录与整理也应纳入管理范畴，高中英语教师可以鼓励学生在自主学习过程中，做好学习笔记、错题整理、问题汇总等基础性学习活动，使其养成良好的思维整理习惯。这些看似微小的行为实则构成了学生学习能力的重要支撑，也为课上交流、课后复习提供了素材保障。学生通过记录可见的学习轨迹，也有助于教师精准掌握学习动态，实现更具个性化的教学支持。

教师应构建动态学习评价机制，通过形成性评价手段了解学生学习过程中的努力与进步，在评价中注重对过程性学习策略的激励，对反思能力、合作精神等核心素养的反馈，不仅有利于学生形成正向的学习认知，也进一步激发其学习的内驱力。有效的学生学习管理，实质上是一种对学生自我效能感的培养，是提升其自主学习能力、情感调控能力与学习成就感的重要路径。

（三）师生关系管理

在高中英语课堂教学的有效性管理中，师生关系的构建与维护是至关重要的组成部分。良好的师生关系不仅是一种情感纽带的体现，更是形成高质量课堂氛围、激发学生学习积极性的心理保障。在以人为本、促进全面发展的教育理念指导下，教师应在课堂管理中注重情感交流与心理互动，使师生关系成为课堂教学顺利开展的“润滑剂”。

师生关系管理需要教师构建一种以尊重、公平、信任为基础的互动环境。教师在课堂中应对待学生一视同仁，不以学习成绩或行为表现作为差异化对待的标准，而是通过理解、包容与欣赏引导学生成长。这种公平原则有助于打破学生在学习上的心理壁垒，增强其课堂参与的自信心与安全感。当学生感受到来自教师的信任与支持时，其表达欲望和探究热情也将显著提升，从而为课堂教学注入活力。教师还应主动建立“情感共鸣”的互动机制。通过日常教学中的语言表达、非语言行为（如眼神、表情、姿态）以及对学生情绪变化的敏感捕捉，教师能够更好地建立情感链接，从而在教学过程中实现“共情式引导”。这种互动方式不仅能够缓解学生的焦虑情绪，还能使教师的教学语言更具亲和力，课堂氛围更加融洽。尤其在面对学习压力较大的高中阶段，教师适时的心理关照与情感支持将成为学生保持学习动力的重要源泉。

在师生关系管理中，学生同样应承担起积极建设关系的责任。良好的师生互动不仅依赖教师的引导与包容，也离不开学生的理解与配合。学生应树立对教师的基本尊重意识，尊重教师的劳动成果与教学安排，主动参与课堂交流，积极回应教师的提问与反馈。同时，要善于表达自己的学习需求与情绪状态，以理性、坦诚的方式与教师沟通，从而促进教学的针对性与有效性。更为重要的是，学生应保持开放的心态，客观看待教师的批评与建议，将其视为成长的契机。只有在双方的共同努力下，师生关系才能真正达到相互尊重、彼此理解、共同成长的良性状态，为英语课堂的高效运行提供坚实保障。

二、高中英语课堂教学有效性管理的策略

（一）用课堂激励法让学生在课堂上积极参与

在高中英语课堂教学中，学生的参与度直接影响教学效果的好坏，而激励策略的科学运用则是激发学生学习积极性、增强课堂参与感的核心要素。课堂激励法，作为一种促进学生主动投入课堂活动的有效教学管理策略，具有极强的实践指导意义。通过构建合理的激励机制，教师不仅能够增强学生的学习动力，还能有效优化教学流程，从而实现课堂教学目标的达成和教学效率的提高。尤其在当前教育重视“以学生为主体”的教学理念背景下，课堂激励已成为高中英语课堂教学有效性管理中不可或缺的组成部分。

1. 明确教学目标，激励指向性行为的达成

教学目标的设置不仅是教学活动的出发点，也是课堂激励能否发挥实效的前提条件。目标不明确或不具挑战性，极易使学生产生消极情绪或敷衍态度。而在高中英语课堂中，教师可以结合学生的认知水平与课程要求，设定层次分明、具有操作性的教学目标。例如，在词汇教学环节中，教师不仅要

明确“掌握20个新单词”的目标，还应设定“通过小组竞赛掌握词汇拼写及用法”的实践型目标，从而引导学生围绕该目标积极参与教学任务。通过将教学目标“活动化”“任务化”，教师可以使学生在完成目标的过程中体验成就感，而这种成就体验恰恰是激励机制中的情感支撑。尤其对于竞争意识较强的高中生群体而言，目标引导与激励的结合更能激发其主动学习的热情。

2. 提问方式多样化，激发学生思维的深度参与

在传统的高中英语教学中，教师往往采用封闭式提问或死记硬背式训练，忽视了学生思维能力的发展与课堂主动性的培养。而课堂激励法强调的不仅是行为上的激励，更重要的是思维层面的激发。因此，教师应注重提问方式的多样化，从知识性问题延伸至开放性、启发性与情境化问题，鼓励学生进行逆向思维、类比推理或跨文化比较等多角度的表达。例如，在阅读理解教学中，教师可设计诸如“你如何评价文中主人公的做法？”“若你处于相同情境，会作出怎样的选择？”等探究性问题，不仅拓宽了课堂讨论的维度，也引导学生深层次地理解与运用英语语言，从而促进语言内化。

此外，对于学生在回答问题中的闪光点，教师应及时给予积极反馈，无论是口头表扬、课堂积分还是展示机会，这些微激励机制都能起到正向强化的作用。而教师对错误的容忍度和引导方式，也将直接影响学生是否敢于参与课堂表达。因此，课堂激励不仅在于“奖”，更在于营造一个宽容、鼓励尝试的心理环境，使学生在参与中不断增强语言运用能力。

3. 重视过程性激励，关注学生成长的细节

高中英语教学不仅应注重结果性评价，更应重视过程性激励，即对学生在学习过程中的点滴进步给予肯定与鼓励。教师可以通过学习档案、课堂表现记录等方式对学生的参与过程进行可视化管理，引导学生关注自身成长轨迹。例如，一名学生在课堂发言中逐渐由只会说单词发展到能表达完整句子，教师若能在恰当时机指出其进步并给予积极评价，无疑能增强其学习信心，促进持续性参与。这种基于过程的激励方式，强调的是“看见每一个学生的成长”，是激励机制中最具人文关怀的体现。

与此同时，教师应灵活运用多元化的激励手段，如小组合作积分制、学生互评机制、英语角主持权争夺等形式，提升学生课堂投入的积极性与持续性。特别是在多样性激励中融入“荣誉感”与“归属感”的培养，有助于学生将个人发展与集体荣誉相结合，形成积极向上的学习态度。

4. 激励机制与课堂评价的有机融合

教学激励策略的有效性，离不开课堂评价体系的支持。教师在设定评价指标时，应注重将参与度、创新表达、合作能力等纳入评价范畴，而不仅限于考试分数或语言准确率。通过形成性评价系统，教师可以更全面地掌握学生的学习动态，及时调整教学方法与激励方式，实现以评促学、以评促教的目标。更为重要的是，教师应使评价结果与激励措施形成良性互动。例如，课堂参与积极者可获得“优先展示作品”“英语角发言者”“主题活动主讲人”等机会，使学生将课堂表现与个体荣誉建立联系，从而增强学习驱动力。评价不应止于分数，而应成为激励与改进的桥梁。

（二）用科学的学习方法培养学生自主性学习

在当前教育改革不断深化的背景下，高中英语教学已不再单纯依赖教师的灌输式讲授，而逐渐转向强调学生自主建构知识体系、形成学习能力的方向。在此趋势下，科学的学习方法不仅是学生掌握知识的重要工具，更是提高课堂教学有效性、实现教育目标转型的关键路径。尤其在高中阶段，学生的自主学习意识逐步觉醒，学习能力也进入快速发展期，若能在英语课堂中引导学生掌握科学方法、形成自我驱动的学习机制，将极大增强教学的实际效果。因此，从课堂教学有效性管理的角度出发，探索并落实科学学习方法的指导与培养，已成为英语教师的重要任务。

1. 借助记忆规律优化词汇学习

词汇是英语学习的基础，也是许多学生学习英语的“瓶颈”所在。传统机械背诵的方法效率低、记忆保持时间短，容易引发学生的挫败感，进而影响课堂积极性。针对这一问题，教师应引导学生结合艾宾浩斯遗忘曲线等心理学规律，设计科学合理的词汇记忆方案。例如，通过“间隔重复法”安排复习频率：首次记忆后在 20 分钟、1 小时、1 天、3 天、7 天等时间点进行巩固，从而最大限度地减少遗忘；又如利用“词根词缀联想”“场景联想法”“图像联想法”等记忆技巧，提高词汇记忆的效率和趣味性。这类方法若能在课堂中进行系统引导和实践操作，既能提高学生的词汇储备，又能激发其自主探索学习方法的兴趣，为长期有效学习打下坚实的基础。

此外，教师还可通过词汇竞赛、词汇地图、单词接龙等互动游戏，将科学的记忆方法“游戏化”，借助课堂氛围的感染力，增强学生学习词汇的主动性与持续性。这种从“他律”到“自律”的转化过程，正是课堂教学有效性提升的重要体现。

2. 任务驱动策略促进学习目标的内化

高中英语课堂若仅限于知识点讲解，容易流于形式，缺乏生成性与深度参与。任务驱动学习法强调通过具体任务引导学生学习，使其在完成任务的过程中自然生成语言知识与技能，具有较强的实践性与操作性。教师可结合教学内容设定多层次任务，如撰写邮件、策划旅游行程、模拟采访等，将语言学习嵌入真实情境之中。学生在完成任务的过程中，不仅需自主查找资料、组织语言、团队协作，还需综合运用已有知识，这一过程本身即科学学习方法的体现。

教师还应将任务完成情况作为课堂管理和评价的依据之一，设定明确标准，给予过程性反馈。例如，设立“任务完成档案”，记录每位学生的参与情况与成果，既促进其对任务质量的关注，也强化其持续学习的责任意识。这种将任务学习与管理策略融合的方式，既调动了学生的学习主动性，也提高了教学活动的针对性与实效性。

（三）用多样化的课堂活动引导学生学习积极性

在高中英语教学中，课堂活动并不只是教学过程的“点缀”，而是实现教学目标、激发学生兴趣、优化教学管理的关键手段。特别是在注重“以学定教”的教学理念和核心素养导向下，如何通过设计多样化、富有参与感的课堂活动，使学生从“被动听讲者”转变为“主动参与者”，是实现课堂教学有效性管理的重要突破口。有效的课堂活动应兼顾语言知识的学习、语言技能的提升、思维能力的锻炼与情感态度的培养，其合理设计与科学实施将极大提高英语课堂的生动性、启发性与生成力。

用多样化的课堂活动引导学生学习积极性可以从以下方面入手：①构建真实语境，提升语言运用能力。语言教学的本质在于交际能力的培养，因此课堂活动设计应尽可能贴近真实语言环境，使学生在“用中学、学中用”。教师可以创设各类模拟情境活动，如“模拟超市购物”“机场安检问答”“校园采访报道”“英语辩论会”等，构建“任务—交流—反馈”的学习闭环，让学生在完成具体交际任务的过程中，自然内化所学语言知识，这种活动式教学打破了传统教学“教师讲—学生记”的单一模式，将知识学习过程转化为任务驱动的互动过程，有效激活学生的语言输入与输出能力。②融入多媒体与信息技术，提升活动的互动性与趣味性。多媒体、移动终端、在线互动平台等工具的合理应用，能够丰富课堂内容、拓宽学习空间、增强活动的即时反馈效果。例如，教师可使用PPT结合音视频素材设计听力训练任务，让学生在真实语境中习得语言；使用互动工具如Padlet、Quizizz、Kahoot等，开展词汇竞赛、阅读测试或语法练习，提升学生对课堂的关注度。③注重活动与教学目标的对接，实现“玩中有学”。多样化的课堂活动之所以有效，关键在于活动本身紧密围绕教学目标展开，是服务于教学内容理解与能力提升的教学工具。因此，教师在设计活动时，必须明确活动的核心目标，例如，是否训练语音语调？是否训练句型表达？是否促进口语交际？这些问题的思考将帮助教师避免课堂活动“热闹有余、收效不足”的情况。在实践操作中，可以尝试采用“学习单”的方式，让学生在参与活动前后进行任务分析与反思，如活动任务描述、语言点应用记录、遇到的问题与解决方法、个人评价与同伴互评等，促使学生在“动脑 + 动口 + 动手”的过程中构建深度学习。这样既能提升活动的结构性与目标感，也有助于教师开展过程性评价与教学策略的调整，从而提高课堂管理的精细化水平。

第五章　高中英语课堂教学内容与组织构建

高中英语课程内容的深度与广度提升，对课堂教学组织提出了更高要求。教师须在有限课时内完成听说读写综合技能的训练，兼顾语言知识的系统性、语言实践的真实性以及技术融合的时效性。如何科学规划教学内容、优化课堂流程、整合数字资源，成为提升教学效能的关键。本章聚焦高中英语课堂的内容设计与组织构建，分析高中英语听说课、听写课、读说课、读写课的课堂教学，研究高中英语课堂教学的备课、授课、辅导，探究数字技术赋能的高中英语课堂教学实践。

第一节　高中英语听说课与听写课的课堂教学

一、高中英语听说课的课堂教学

在高中英语的教学体系中，听说课占据着举足轻重的地位，它不仅是学生提升语言实际应用能力的关键环节，更是培养学生综合素养的重要途径。高中英语听说课的课堂教学包括“猜、听、思、学、说”五步课堂操作模式，下面以“SOS”相关内容的教学为例，具体阐述这五步操作模式与每一步的设计意图。

（一）教学内容与学情分析

1. 教学内容剖析

本次教学选取了飞机失事幸存母女在雪地踩“SOS”求救最终脱险这一极具吸引力且富有教育意义的内容。从核心素养培养的角度而言，这一教学内容具有多维度的价值。首先，它能够引导学生深刻认识到生命的宝贵，进而发展学生珍惜生命的核心素养。在面对生死考验的情境中，母女俩的求生经历能够让学生真切地感受到生命的脆弱与坚韧，从而更加珍视自己的生命以及他人的生命。其次，该内容涉及在极端困境下的自救与互救，能够培养学生的应急处理能力和生存技能，提升学生在面对突发危险时的心理素质和应对能力。最后，通过对这一故事的深入学习和探讨，学生还能够了解不同文化背景下人们对于生命和求救的认知与表达方式，拓宽国际视野，增强跨文化交际意识。

2. 学情精准把握

学生刚刚完成“Earthquakes”相关内容的学习，这一学习经历为本次飞机失事自救主题的教学奠定了良好的基础。地震与飞机失事都属于突发性的自然灾害或意外事件，两者在自救方法、心理应对等方面存在着内在的联系。学生在学习地震自救知识的过程中，已经积累了一定的应对突发事件的认知和技能，将这些已有的知识与飞机失事自救主题相结合，能够进一步扩大学生的知识面，使学生对不同场景下的自救策略有更全面、更深入的理解。通过这种知识的迁移和应用，学生能够将所学知识转化为实际能力，提升综合运用知识解决实际问题的能力，促进思维能力的发展。

（二）课堂操作模式详解

1. 猜：激发兴趣，开启思维之门

导入环节是课堂教学的起始阶段，其质量直接影响学生对后续教学内容的接受程度和学习效果。在本次教学中，教师采用“猜”的方式引导学生进入学习状态。具体做法是，教师充分利用教材中的标题、插图等视觉元素，巧妙地设置问题，引导学生对听力材料的内容进行大胆猜测。例如，教师会向学生提问，“SOS”这一在国际上广泛使用的求救信号，它究竟代表着怎样的含义？在这个故事中，围绕着“SOS”又会发生怎样扣人心弦的情节呢？引导猜测的方式具有多重设计意图。首先，它能够迅速吸引学生的注意力，

将学生的思绪从课间的放松状态迅速拉回到课堂学习中来。当学生对教师提出的问题产生浓厚兴趣时，他们的注意力会高度集中，为后续的听力学习作好充分的心理准备。其次，猜测的过程能够极大地拓宽学生的思维空间。学生在思考问题的过程中，需要调动已有的知识和经验，对各种可能性进行推测和分析，这有助于培养学生的发散性思维和创造性思维能力。猜测所带来的不确定性也会激发学生的好奇心和探索欲，使他们迫不及待地想要通过听力材料来验证自己的猜测，从而提高学生在整个课堂学习过程中的专注度。

2. 听：捕捉关键，构建信息框架

"听"是英语听说课的核心环节之一，其目的在于培养学生的语言能力，使学生掌握从听力材料中捕捉关键信息的基本技能。在本次教学中，教师要求学生在听的过程中同步进行记录，并给出明确的任务，即要求学生捕捉故事发生的四要素：时间、地点、人物和事件。在听力训练过程中，学生需要学会运用有效的笔记策略。例如，学生可以采用缩写、符号等方式快速记录关键信息，避免因忙于记录而错过后续的重要内容。通过这种方式，学生能够逐渐摆脱被动听力的状态，变被动接受为主动获取。在听完听力材料后，学生需要根据所记录的信息，对故事的基本框架进行梳理和构建，这一过程不仅能够帮助学生加深对听力材料的理解，还能够培养学生提取关键信息、整理归纳信息的能力，为后续的思维活动和语言表达奠定坚实的基础。

3. 思：深度互动，培育思维品质

"思"这一环节涵盖了独立思考与小组讨论两种形式，旨在培养学生的观察判断等思维品质，促进师生之间、学生之间的深度互动。在独立思考阶段，学生需要运用所学的知识和技能，对听力材料中的故事进行深入分析。例如，学生可以尝试用关键词来重构故事，通过提炼关键词的方式，将故事的主要情节和关键信息进行概括和梳理，从而更加清晰地把握故事的脉络。在小组讨论环节，学生则围绕共同构建故事展开交流与合作。在这个过程中，每个学生都可以分享自己的观点和想法，倾听他人的见解，通过思维的碰撞和交流，不断完善对故事的理解和认识。此外，学生还需要对自己和他人的想法进行判断和评价，分析其合理性和不足，这种独立思考与小组讨论相结合的方式，能够充分调动学生的思维积极性，培养学生的批判性思维能力和合作交流能力，为后续的表达环节作好充分的铺垫。

4. 学：语境积累，提升学习能力

“学”的环节主要聚焦于学生对新词汇或短语的学习。在英语学习中，词汇是语言的基础，掌握丰富的词汇量对于提高学生的语言运用能力至关重要。在本次教学中，教师并没有采用传统的孤立讲解词汇的方式，而是结合听力材料的语境，给出英文解释或创设相关的语境，引导学生对听力材料中出现的新词汇或短语进行学习和理解。例如，当遇到一些与飞机失事、求救场景相关的专业词汇或表达方式时，教师会先让学生根据上下文猜测其含义，然后再给出准确的英文解释，并通过举例、造句等方式帮助学生加深对词汇的理解和记忆，这种在语境中学习词汇的方式，能够让学生更加直观地感受到词汇在实际运用中的意义和用法，使学生能够更加自然地积累和运用词汇，从而提升学生的学习能力，为学生的语言输出提供有力的支持。

5. 说：多元表达，培养综合素养

“说”是英语听说课的重要输出环节，它涵盖了说故事、说看法、说疑问和说细节四个方面，旨在培养学生的文化意识、激发学习热情、培养批判性思维、提升探索与解决问题的能力以及培养国际视野。在说故事环节，教师会积极创造机会，鼓励学生大胆开口复述故事。复述故事不仅能够检验学生对听力材料的理解程度，还能够锻炼学生的语言组织和表达能力。在说看法环节，学生可以根据自己的兴趣和思考角度，选择切入点谈谈对故事的看法。教师会为学生创设一个开放、包容的平台，让学生能够自由地表达自己的观点，从而培养学生的独立思考能力和语言表达能力。在说疑问环节，教师着重培养学生的批判性思维。学生可以大胆地说出自己在听力学习过程中或对故事本身存在的疑问，教师会引导学生对这些疑问进行深入的思考和探讨，鼓励学生敢于挑战权威，不盲目接受既定的观点。在说细节环节，学生需要从听力材料的细节入手，进行拓展和延伸。例如，学生可以结合自己的生活实际，描述类似的生活事例，并尝试运用所学知识解决生活中的问题。通过这种方式，学生能够将课堂所学知识与实际生活紧密联系起来，提高知识的运用能力和解决实际问题的能力，拓宽国际视野，增强对不同文化的理解和包容。

二、高中英语听写课的课堂教学

在高中英语课程体系中，听写课作为培养学生语言综合运用能力的关键

环节，其教学模式的设计与实施直接关系学生语言技能的发展与核心素养的培育。高中英语听说课的课堂教学包括“猜、听、思、写、评”五步课堂操作模式，下面以“Friendship，Using language：Reading and listening”为例，具体阐述这五步操作模式与每一步的设计意图。

（一）教学内容与教学起点

本节课聚焦于“Friendship”主题，通过阅读Lisa给Miss Wang的信件内容，引导学生探讨青少年在人际交往中可能遇到的“早恋”困惑，并基于听力材料提供合理的建议，这一教学内容的选择，既贴近学生生活实际，又蕴含了深刻的教育意义，为听写课提供了丰富的语言素材与情感共鸣点。高中新生正处于从初中向高中过渡的关键时期，他们在生活环境、人际交往模式等方面均面临显著变化，对建立新友谊、理解人际关系有着强烈的渴望。然而，这一阶段的学生普遍存在听写能力薄弱的问题，缺乏有效的听写习惯与方法，导致在语言输入与输出过程中遇到障碍。因此，通过听写课的教学实践，旨在帮助学生养成良好的听写习惯，掌握科学的听写策略，进而在语言学习过程中逐步形成批判性思维、创造性思维等核心素养。

（二）课堂操作模式

1. 猜：激活前知，激发兴趣

在“猜”的环节，教师利用1～2分钟的时间，通过精心设计的问题引导学生对即将听写的材料进行预测与猜测，这一过程不仅是对学生已有知识经验的激活，更是对其思维品质的初步锻炼。例如，教师可能会问：“根据信件的开头，你认为Lisa可能遇到了什么问题？”“你认为Miss Wang会给出哪些建议？”这些问题旨在激发学生的好奇心与求知欲，促使他们主动调动大脑中的相关知识储备，为后续的听写活动作好心理与认知上的准备。

通过猜测活动，学生能够在轻松愉快的氛围中迅速进入学习状态，这种基于已有经验的预测活动有助于增强学生对文本内容的理解，提升其在听写过程中的专注度与敏感度。更重要的是，猜测活动能够激发学生的思维活力，培养其分析问题、解决问题的能力，为后续的听、思、写、评环节奠定坚实的思维基础。

2. 听：捕捉关键，记录信息

“听”是听写课的核心环节，要求学生边听边记，捕捉关键信息，为后续的写作活动提供素材。在这一环节，教师会播放录音材料，并指导学生如何有效地记录关键词、短语乃至完整的句子。例如，教师可能会强调："注意听与 Lisa 困惑相关的建议，用简短的词语或符号记录下来"。同时，教师还会设计一些即时性的听力练习，如填空、选择等，以检验学生的听力理解程度，并引导其将听到的信息转化为书面形式。通过听记训练，学生不仅能够逐步养成边听边记的良好习惯，还能够有效提升其对语言信息的捕捉与处理能力。此外，听记活动还能够锻炼学生的注意力分配与协调能力，使其在听的过程中保持高度的专注，能够迅速、准确地记录下关键信息，为后续的写作活动提供有力的支持。

3. 思：深度思考，构建框架

"思"的环节旨在通过个人独立思考与小组讨论相结合的方式，引导学生对听到的内容进行深入思考与分析，形成写作的雏形与框架。在这一环节，教师会提出一系列具有启发性的问题，如"你认为这些建议中哪一条最实用？为什么？""如果你是 Lisa，你会如何回应这些建议？"这些问题旨在引导学生从不同角度审视听力材料，挖掘其深层次的含义与价值。通过思考与讨论，学生能够进一步加深对听力材料的理解，这种互动式的思考过程还能够培养其批判性思维与创造性思维。在小组讨论中，学生能够学会倾听他人的观点，尊重不同的意见，通过交流与合作共同构建写作的框架与思路，这不仅有助于提升其团队合作能力，还能够为其后续的写作活动提供丰富的灵感与素材。

4. 写：多维度表达，实现语言输出

"写"是听写课的最终落脚点，要求学生将听到的内容、思考的观点、产生的疑问以及个人的感受转化为书面文字，实现语言的有效输出。在这一环节，教师会从多个维度引导学生进行写作：①写出所听，要求学生根据听到的内容，用自己的话进行复述或总结，这一过程旨在锻炼学生的语言转换能力，提高其句子表达的准确度与流畅性；②写出观点，鼓励学生就听力材料中的某个观点或建议发表自己的看法，并给出合理的依据，这一过程旨在培养学生的观点表达与逻辑论证能力；③写出疑问，引导学生对听力材料中的某些细节或整体内容提出疑问，并尝试给出自己的解释或推测，这一过程旨在培养学生的批判性思维与问题解决能力；④写出感受，鼓励学生结合自身的经历与感受，对听力材料中的主题或情境进行情感上的回应，这一过程旨在为学生创造抒发情感的机会，提高其学习的主动性与积极性；⑤设计意

图，通过多维度的写作训练，学生能够在实践中不断提升自己的语言运用能力，这种写作过程还能够促进其思维品质的发展，使其在表达观点、提出疑问、抒发情感的过程中，逐步形成独立思考、批判性思维等核心素养。

5. 评：自我反思，同伴互助

“评”的环节是对学生写作成果的检验与提升，通过学生自评自改或同伴互改的方式，从内容、语言、连贯性等多个维度对写作进行润色与完善。在这一环节，教师会提供评价标准与指导建议，帮助学生明确评价的方向与重点，鼓励学生之间进行积极的交流与反馈，通过同伴互助的方式，共同提高写作水平。通过评价活动，学生不仅能够对自己的写作成果进行客观的反思与总结，还能够从同伴的作品中汲取灵感与经验，实现共同进步。此外，评价活动还能够培养学生的批判性思维与自我管理能力，使其在评价过程中学会欣赏他人的优点，正视自己的不足，从而在后续的学习中不断调整与优化自己的学习策略与方法。

（三）模式实施效果与启示

“猜、听、思、写、评”五步课堂操作模式在高中英语听写课中的实践表明，该模式能够有效促进学生的语言能力、思维品质与学习能力的协同发展。通过猜测活动，学生的兴趣被充分激发，思维品质得到初步锻炼；通过听记训练，学生的语言信息捕捉与处理能力得到显著提升；通过思考与讨论，学生的批判性思维与创造性思维得到培养；通过多维度的写作训练，学生的语言运用能力得到全面提升；通过评价活动，学生的自我反思与同伴互助能力得到增强，这一模式的成功实施，为高中英语听写课的教学实践提供了有益的启示：首先，教学设计应紧密贴合学生的实际需求与认知水平，确保教学内容的趣味性与挑战性并存；其次，教学过程应注重学生的主体地位，通过多样化的教学活动激发学生的主动性与创造性；最后，教学评价应贯穿整个教学过程之中，通过及时的反馈与指导，帮助学生不断调整与优化自己的学习策略与方法，以实现语言能力的持续提升与核心素养的全面发展。

第二节　高中英语读说课与读写课的课堂教学

一、高中英语读说课的课堂教学

在高中英语教学的多元维度中，课堂教学模式的构建与实施对于教学效果的增强起着至关重要的作用。不同的教学内容和目标需要与之适配的课堂操作模式，以引导学生深入学习英语知识，培养综合语言运用能力。高中英语读说课的课堂教学包括“猜、读、画、思、说”五步课堂操作模式，下面以“English around the world，Reading：The road to modern English”为例，具体阐述这五步操作模式与每一步的设计意图。

（一）课堂教学的分类

高中英语读说课的“猜、读、画、思、说”五步课堂操作模式，旨在通过一系列有序的教学环节，引导学生逐步深入文本，从初步感知到深度理解，再到个性化表达，全面提升学生的阅读理解能力与口语表达能力。以“English around the world，Reading：The road to modern English”这一教学内容为例，这一模式能够充分发挥其优势，让学生在积极主动地学习的过程中，掌握英语语言知识，了解英语发展历程，提升英语综合素养。

1. 猜

“猜”作为课堂教学的起始环节，时间控制在 1 ~ 2 分钟，教师通过巧妙提问，引导学生对即将学习的文本内容进行猜测，从而明确主题，这一环节的设计意图深远。首先，它能够有效激发学生的兴趣。高中生正处于好奇心旺盛的阶段，对未知事物充满探索欲望。通过猜测活动，能够迅速抓住学生的注意力，使他们主动参与课堂。其次，开启学生的思维。猜测需要学生调动已有的知识经验，对文本内容进行合理想象与推断，这一过程能够锻炼学生的思维能力，提升思维品质。例如，在引入“The road to modern English”这一主题时，教师可能会问：“What do you think this article might be about based on the title？”学生需要运用自己对英语以及世界文化的了解，猜测文章可能涉及英语在不同国家的发展、英语语言演变等方面的内容，从而激活已有的知识储备，为后续的深入学习作好铺垫。

2. 读

“读”是整个教学过程的核心环节之一，学生在这个阶段需要认真阅读文本，深入理解其内容。在阅读过程中，学生不仅要关注文本的字面意思，还要理解其深层含义，包括作者的观点、情感以及文本所传达的文化信息等，这一环节有助于学生进一步熟悉文本内容，为后续的“画”“思”“说”等环节奠定基础。通过阅读，学生能够积累丰富的语言素材，提升语言感知能力，培养良好的阅读习惯。快速阅读有利于学生语言基础知识的学习，而学习知识的目的是运用，通过参与活动，在活动中体验语言、学习与运用语言，在语言的积累与运用中，也必然伴随着思维能力的提升①。

3. 画

“画”并非传统意义上的绘画，而是引导学生通过绘制思维导图、概念图等方式，将文本中的关键信息、结构框架以及逻辑关系以直观的图形形式呈现出来，这一过程能够帮助学生梳理文本脉络，加深对文本的理解。例如，在学习“The road to modern English”时，学生可以绘制一个以“modern English”为中心的思维导图，分支可以包括英语发展的不同阶段、各阶段的特点、推动英语发展的因素等。通过绘制思维导图，学生能够清晰地看到各个知识点之间的联系，形成系统的知识体系，也有助于培养他们的逻辑思维能力和信息整合能力。

4. 思

“思”环节强调学生的个人独立思考与小组讨论相结合，在个人独立思考阶段，学生可以对文本中的难点、重点进行深入剖析，形成自己的初步见解。随后，通过小组讨论，学生能够与同伴分享自己的思考成果，倾听他人的观点，在交流与碰撞中拓宽思维视野，深化对文本的理解。例如，针对“The road to modern English”中提到的“英语发展过程中受到不同文化影响”这一内容，学生可以思考这种影响是如何体现的，以及英语在不同文化背景下发生了哪些变化等问题。在小组讨论时，学生可以从不同的角度出发，

① 朱志文．高中英语课堂教学的基本课型与设计［M］．长春：吉林大学出版社，2020：38.

各抒己见，共同探讨问题的答案，从而形成对文本内容更为全面、深入的认识，也培养了学生的学习能力，包括团队协作能力、沟通能力和批判性思维能力。

5. 说

“说”是整个课堂操作模式的重要输出环节，学生在经历了“猜”“读”“画”“思”等环节后，对文本内容有了较为深入的理解和思考，此时通过“说”来表达自己的观点、感受和见解，能够实现语言的输出与交流。在“说”的过程中，学生需要运用所学的英语语言知识，组织语言，清晰、准确地表达自己的想法，这不仅有助于提高学生的口语表达能力，还能增强他们的自信心和语言运用能力。例如，学生可以围绕“The road to modern English”这一主题，谈谈自己对英语未来发展的看法，或者分享自己在学习英语过程中的经历和体会等。通过“说”的环节，学生能够将所学的知识内化为自己的能力，真正实现英语学习的目标。

（二）课堂教学的运用

1. 教学内容与学情研究

在探讨听写课的“猜、听、思、写、评”五步课堂操作模式之前，有必要对教学内容与学情进行深入分析。从学情特点而言，学生刚升入高中，正处于生活和学习环境转变的关键时期。在生活方面，他们面临着新的社交圈子和生活节奏；在人际交往方面，渴望结交新朋友，拓展人际关系。然而，学生在听写能力方面普遍较弱，缺乏良好的听写习惯和有效的听写方法。因此，听写课在这一阶段显得尤为重要，它不仅能够帮助学生养成良好的听写习惯，还能培养学生的英语学科核心素养，为今后的英语学习奠定坚实的基础。

2. 教学步骤的实施

（1）猜

在听写课的“猜”环节，教师应控制在 1 ~ 2 分钟。教师通过提问引导学生对听写内容进行猜测，明确主题，这一环节的目的与读说课中的“猜”有相似之处，都是为了激活学生的知识经验，增强他们对文本的理解，提升思维品质。例如，在准备听关于 Lisa“早恋”困惑及建议的录音前，教师可以问：“Based on the title and what we know about the topic，what kind of advice do you think might be given in the recording？”学生需要结合自己对“早恋”这一话题的了解以及英语表达习惯，猜测录音中可能出现的建议内容，如与父母沟通、专注于学习等。通过这样的猜测活动，学生能够迅速进入学习状态，调动已有的知识储备，为后续的听写作好心理和认知上的准备。

（2）听

“听”环节要求学生在听录音的过程中记录关键信息，获取所需内容，并养成边听边记的良好习惯，为后续的“写”作好铺垫。在教学过程中，教师可以让学生先听录音，记录关键词，然后完成相关练习，最后用自己的语言说出所听到的信息，这一环节的设计意图在于帮助学生养成听记习惯，提升语言能力。听记习惯的养成并非一蹴而就，需要长期的训练和引导。通过在课堂上反复进行听录音、记关键词的练习，学生能够逐渐掌握听记的技巧，提高听力理解能力和信息捕捉能力。在记录关键词的过程中，学生需要对所听内容进行筛选和提炼，这有助于提升他们的语言概括能力和逻辑思维能力。

（3）思

“思”环节安排 3 ~ 5 分钟，采用个人独立思考与小组讨论相结合的方式。教师通过设问引导学生对所听内容进行深入思考和讨论，帮助学生形成写作的雏形与框架。例如，在学生听完关于给 Lisa 建议的录音后，教师可以问：“Why do you think these suggestions are important？ How can we make our suggestions more convincing？”学生先进行个人独立思考，梳理自己的观点和思路，然后在小组内与同伴进行交流和讨论。在小组讨论过程中，学生可以相互启发，从不同的角度分析问题，共同探讨如何使建议更具说服力，这一环节的设计意图在于培养学生的学习能力，包括独立思考能力、团队协作能力和问题解决能力。通过思考和讨论，学生能够更加深入地理解所听内容，明确写作的方向和重点，为后续的写作奠定坚实的基础。

（4）写

“写”环节是听写课的重要输出环节，主要包括以下方面：①写出所听。学生需要在听后将自己所听到的内容用自己的话进行复述，实现语言输出，这一过程需要一定的策略和训练，学生在写作过程中要关注词汇和语法的正确使用。通过写出所听，学生能够进一步巩固所学的语言知识，提高语言表达的准确性和流畅性。②写出观点。学生要写出对所听内容的重要观点，并给出相应的依据，以体现自己真正听懂了内容。例如，对于给 Lisa 的建议，学生可以明确表达自己支持或反对某一建议的观点，并说明理由，这一环节有助于培养学生的表达观点与依据的能力，提升思维品质，使学生能够更加理性地分析和评价所听内容。③写出疑问。学生要写下自己在听的过程中产生的疑问以及理由，这一过程能够培养学生的批判性思维。当学生对所听内容存在疑惑时，说明他们在积极思考，不盲目接受信息。通过写下疑问，学生能够引导自己深入探究问题，进一步加深对文本的理解。④写出感受。学生要结合自身经历，有感而发地写出自己的感受，使文章更具情感色彩。例如，学生可以分享自己在面对类似情感困惑时的经历和感受，以及从所听内容中获得的启示，这一环节为学生创造了抒发情感的机会，能够提高学习效率，让学生在英语学习过程中更加投入和专注。

（5）评

“评”环节要求学生进行自评自改或同伴互改，从内容、语言、连贯等方面对所写内容进行润色成文。自评自改能够让学生更加深入地反思自己的写作过程，发现其中存在的问题并及时进行修改。同伴互改则可以让学生从他人的角度审视自己的作品，学习他人的优点，发现自己的不足。在评价过程中，学生需要关注内容是否完整、观点是否明确、语言是否准确、语法是否正确、文章是否连贯等方面。通过这一环节，学生能够不断提高自己的写作水平和自我评价能力，也能培养他们的批判性思维和团队合作精神。

二、高中英语读写课的课堂教学

在高中英语的教学体系中，读写课占据着至关重要的地位，它是培养学生综合语言运用能力的关键环节。高中英语读写课的课堂教学包括“读、画、思、写、润”五步课堂操作模式，下面以“Earthquakes，Reading：A night the earth didn’t sleep”为例，具体阐述这五步操作模式与每一步的设计意图。

（一）教学内容与学情探究

1. 读写结合的内在逻辑

在高中英语教学中，读写结合是一种科学且高效的教学理念。阅读活动作为语言输入的重要途径，能够为学生提供丰富多样的语言素材，包括词汇、短语、句型以及篇章结构等。在阅读过程中，学生不断接触地道的英语表达，拓宽了语言视野，为后续的写作活动积累了充足的素材。而写作则是对阅读成果的有效检验，它促使学生将阅读中获取的知识进行内化和运用，通过文字表达自己的观点、情感和想法。通过写作，教师能够清晰地了解学生对阅读材料的理解程度、语言知识的掌握情况以及思维能力的运用水平，进而有针对性地调整教学策略，提高阅读教学的实效性，这种读写相互促进、相辅相成的关系，使学生在语言学习的过程中形成了一个良性的循环，不断提升其综合语言运用能力。

2. 教材内容的独特价值

以“Earthquakes”中的“A night the earth didn’t sleep”为例，该文章具有丰富的教学价值。文章以 1976 年唐山大地震为背景，详细叙述了地震发生前、发生时以及发生后的种种景象和人们所经历的巨大灾难。从语言层面而言，文章运用了生动形象的词汇、多样化的句型以及严谨的篇章结构，为学生提供了优质的语言学习范例。从文化层面而言，它让学生了解到“地震”这一自然灾害的相关知识，以及人类在面对灾难时的坚韧与互助精神，拓宽了学生的文化视野。此外，文章所蕴含的情感元素，如人们对灾难的恐惧、对生命的珍视以及对重建家园的决心等，能够引发学生的情感共鸣，激发他们的思考和表达欲望。因此，选择这篇文章作为读写课的素材，能够为教学活动的开展提供坚实的基础。

3. 学情分析的现实依据

对于高一学生而言，他们正处于英语学习的重要适应阶段。在这个阶段，学生的英语水平参差不齐，部分学生在阅读技能方面存在明显的不足，他们可能缺乏有效的阅读策略，难以快速准确地把握文章的主旨大意；在面对长难句时，往往会出现理解困难的情况；对于文章中的深层含义和文化内涵，更是缺乏深入思考和挖掘的能力。在表达观点方面，许多学生存在羞涩心理，不敢大胆地用英语表达自己的想法，导致课堂互动不够活跃。由于高中英语学习任务加重，学生缺乏足够的写作机会，写作经验相对匮乏，写作水平亟待提高。基于这样的学情分析，教师在设计读写课时需要充分考虑学生的实际情况，制定符合他们认知水平和学习需求的教学目标和教学方法。

（二）课堂操作模式的具体实施与意图解读

1. 读：读懂大意，尝试概括

在“读”这一环节，教师应先引导学生关注文章的标题“A night the earth

didn’t sleep”，标题往往具有预测功能，它能够引发学生的好奇心和思考，让学生对文章的大致内容产生初步的猜测。学生可能会思考，为什么说地球一夜没睡？这一夜发生了什么特别的事情？这种基于标题的预测活动能够激发学生的阅读兴趣，使他们更加主动地投入阅读过程中。接着，学生需要把握文章的文体特点。不同的文体具有不同的写作目的、结构和语言风格。通过分析文章的文体，学生能够更好地理解文章的内容和作者的写作意图。例如，如果文章是记叙文，学生可以关注事件的发展顺序、人物的行为和心理变化；如果是说明文，则要注意说明对象的特点、说明方法的运用等。在把握文体特点的基础上，学生需要快速浏览文章，获取重要信息，了解文章的大意，这一过程旨在培养学生的整体阅读意识，让他们学会从宏观的角度去理解文章，而不是局限于对个别词汇或句子的理解。通过概括文章内容，学生能够对文章的结构和脉络有一个清晰的认识，为后续的深入学习和写作活动作好铺垫。

2. 画：画出句子，学习运用

在“画”的环节，学生需要重点关注文章中的长难句和优美语句。长难句是阅读理解中的难点，它通常包含多个从句、复杂的语法结构和丰富的词汇。分析长难句能够帮助学生提高阅读理解能力，让他们学会拆解句子结构，理解句子各部分之间的逻辑关系。通过对长难句的深入剖析，学生能够掌握一些高级的语法知识和表达方式，为写作能力的提升奠定坚实的基础。学生要善于发现并积累文章中的优美语句，这些语句往往具有独特的表达方式、生动的修辞手法或深刻的内涵。积累优美语句不仅能够丰富学生的语言素材库，还能够提升他们的写作能力。学生可以在写作中模仿这些语句的表达方式，使自己的文章更加生动、形象、富有感染力。通过这一环节的学习，学生能够逐步解决阅读中的障碍，积累丰富的语言素材，进而为写作活动提供有力的支持。

3. 思：学会逻辑，品味语言

“思”的环节是学生对文章进行深入理解和分析的过程。在这一环节中，学生需要关注作者的观点、情感态度和写作意图。作者在文章中往往会通过具体的描述、论证或抒情来表达自己的看法和情感。学生需要通过仔细阅读和思考，挖掘出这些深层次的信息，理解作者想要传达的核心思想。此外，学生还要学会品味文章中的语言文化。英语作为一门语言，承载着丰富的文化内涵。不同的词汇、短语和表达方式都可能蕴含着特定的文化意义。通过品味语言文化，学生能够提高自己的阅读能力，更加准确地理解文章的字面意思和深层含义，这一过程也有助于培养学生的跨文化交际意识，让他们更好地理解和欣赏英语语言和文化的魅力。从表层理解文本到深层理解文本，学生能够逐渐形成一套适合自己的阅读策略，提高阅读效率和质量。

4. 写：写出初稿，内容充实

“写”是读写课的核心环节，旨在通过写作训练实现语言输出，提高学生的写作能力。在这一环节中，学生可以采用多种写作方式，如仿写、缩写、扩写和续写。首先，仿写是一种常见且有效的写作训练方法。学生可以模仿文章中的词汇、短语、句型和篇章结构，进行类似的写作练习。通过仿写，学生能够将阅读中获取的语言知识进行实际运用，加深对语言形式和表达方式的理解和掌握。其次，缩写要求学生将文章进行压缩提炼，保留主要信息，用简洁的语言表达出来，这一过程能够帮助学生巩固所学的语言知识，提高对文章内容的概括能力和语言的精练能力，缩写也是一种以写促读的有效方式，它促使学生再次深入阅读文章，把握文章的核心要点。再次，扩写是在原文的基础上进行扩展充实，添加细节和情节，使文章内容更加丰富。扩写能够训练学生的发散性思维，培养他们的想象力和创造力。学生在扩写过程中，需要充分发挥自己的主观能动性，对原文进行合理的拓展和延伸。最后，续写是根据文章的结尾或情节发展，补充后续的内容。续写能够培养学生的想象力和写作能力，让他们在已有故事的基础上，创造出新的情节和结局。通过这些多样化的写作方式，学生能够从不同角度进行写作训练，实现语言的有效输出，不断提高自己的写作水平。

5. 润：内心默读，润色成文

“润”的环节是学生对自己的初稿进行自我修改和完善的过程，在这一环节中，学生需要从多个方面对自己的文章进行审视和润色。首先，要检查文章的主题是否明确，是否围绕主题展开论述。如果发现主题偏离或不够突出，需要及时进行调整。其次，要仔细检查文章中是否存在错词、错句等语言错误，这些错误会影响文章的质量和可读性，需要认真纠正，还要关注文章的连贯性，确保段落之间、句子之间的衔接自然流畅，逻辑清晰。再次，学生还需要对文章的句型结构进行优化。避免使用过于简单或重复的句型，尝试运用一些复杂的句型和多样化的表达方式，使文章更加富有变化和表现力。最后，要注意文章的语气是否恰当，是否符合文章的主题和表达意图。

通过内心默读和反复修改，学生能够不断提高文章的质量，培养自我修改的能力，养成良好的写作习惯。

总而言之，高中英语读写课的“读、画、思、写、润”五步课堂操作模式是一个有机整体，各个环节相互关联、层层递进。通过这一模式的有效实施，能够帮助学生提高阅读理解能力、语言表达能力和思维能力，全面提升其英语综合素养。教师在教学过程中，应根据教学内容和学生的实际情况，灵活运用这一模式，不断优化教学过程，提高教学质量。

第三节　高中英语课堂教学备课、授课与辅导

一、高中英语课堂教学的备课

课前筹备作为教学活动的核心预备环节，其本质是教师基于学科特性与学生认知规律开展的系统化教学设计活动，这一过程要求教师以课程标准为基准，结合教材文本的逻辑脉络与学生的现实需求，对教学内容进行重构性加工，并预设教学实施路径，其核心价值不仅体现为教师对课程知识的深度解析，更在于通过创造性劳动实现知识传递的效能优化。

（一）备课的原则

1. 教学理念的迭代更新机制

高中英语教学理念的革新应构建于对教育本质的深层认知之上。现代英语教育强调通过语言工具培育学生的跨文化交际能力与批判性思维，这要求教师突破传统知识灌输模式，构建以学生为中心的教学范式。在具体实践中，教师需建立三维目标协同机制，以语言能力提升为显性目标，以思维品质发展为隐性目标，以情感态度塑造为支撑目标。通过创设真实语境下的语言实践活动，激发学生的内在动机，使其在完成阶段性学习任务的过程中获得正向反馈，逐步形成稳定的学科自信，这种理念更新不是对既有模式的否定，而是通过教学要素的重组实现育人价值的升维。

2. 教材文本的立体化解读路径

教材解读需要建立宏观—中观—微观的三维认知框架，宏观层面需把握高中英语教材的编排逻辑，明确各册教材在知识体系建构中的定位；中观层面应聚焦单元主题的育人价值，厘清语言知识、文化意识、学习策略等要素的内在关联；微观层面则需对具体语篇进行语用学分析，挖掘文本的深层语义结构与交际功能，这种立体化解读要求教师建立教材内容与课程标准之间的映射关系，既关注显性知识点的覆盖，又重视隐性能力培养目标的渗透，最终形成具有逻辑自洽性的教学实施方案。

3. 教学规律的遵循与策略创新

教学活动的本质属性决定其必须遵循语言习得规律与认知发展规律。语言输入需遵循"i+1"可理解性原则，教学节奏应适配学生的"最近发展区"，评价方式应体现形成性评价与终结性评价的有机结合。在此前提下，教师需建立"规范—创新"的辩证思维：既要严格遵循教学大纲的基准要求，确保知识传授的系统性，又要结合区域学情特点进行策略创新，如通过项目式学习实现知识的意义建构，运用混合式教学模式拓展学习时空，这种平衡艺术要求教师具备扎实的专业功底与灵活的教学机智。

4. 学情差异的精准化应对策略

教学策略的适配性检验标准在于能否实现"最近发展区"的有效激活。教师需建立动态学情诊断机制，通过多维度评估工具识别学生的认知风格差异、学习策略偏好及情感需求特征。在方法选择层面，应构建差异化教学策略库，针对语言能力薄弱者设计补偿性学习方案，为学有余力者开发拓展性学习任务，为学习障碍群体提供支架式学习支持，这种分层设计不是简单的任务难度调整，而是通过教学要素的重组实现学习机会的实质性均等，最终达成"各美其美，美美与共"的教学境界。

上述四个原则构成英语课堂教学备课的原则，其核心要义在于实现教育规律与教学艺术的辩证统一。教师作为教学设计者，既要保持对学科本质的敬畏之心，又要培育教育创新的实践智慧，在规范性与创造性的张力中探索英语教学的新范式，这种专业素养的养成，需要教师在持续的理论研修与教学反思中实现螺旋式上升。

（二）备课的内容

1. 备学生

在高中英语课堂备课环节，教师需承担起双重责任。一方面，要深入钻研教材内容，精准把握教学要点；另一方面，需全面了解学生个体差异，掌握实际学情，以此为依据实施分类教学，推动学生在各自基础上实现科学成长。学生不仅应当成为课堂学习的中心，更应当是教师备课的核心和归宿。教师授课成功的关键在于始终将学生的需要置于首位，否则，无论教学内容多么丰富，都将失去其真正的价值。在新课标指导下，教学目标已从单一目标转变为多元目标，教学过程应兼顾知识掌握、能力培养、思维训练以及情感、态度、价值观的塑造，也要关注学生的内心体验和个人感悟。无论是在课前准备、课堂实施还是课后反思，教师都应将焦点集中在对学生多方面因素的关注上。备课时考虑学生的需求，无疑是每位教师在准备每一节课时必须优先考虑的关键问题。教师在备课时先要了解自己的学生，备课时的切入点要面向中差学生，课堂教学注重抓基础教育，主要内容包括以下几个方面：

（1）学科知识基础

每一学科都拥有其独特的知识体系，其中各个知识点之间的内在联系极为紧密。高中学生的学科知识往往存在不足，因此，教师应确保每个环节的衔接，这一点至关重要，需要为学生提供适当的引导，帮助他们掌握所需知识。教师在传授新知识之前，深入分析知识本身是至关重要的前提。对于教学的主体——学生，清晰地了解他们的知识基础和需求显得尤为重要。在备课过程中，教师应充分考虑学生对即将学习的知识的现有理解程度，以及他们可能需要补充或铺垫的衔接性知识。在讲授新课程之前，特别需要了解学生对旧知识的预习是否充分，以及他们在学习新知识时可能遇到的困难和障碍，还有他们对新知识的兴趣是否强烈。

例如，教师在教学“My New Teachers（语法—动名词）”相关内容时，首先，解释动名词的意义，用简练易懂的语言解释：表示行为动作，但在一个句子中又充当名词所能做的成分（个别基础不好的学生对于名词与动词的观念不能全面理解，教师也可以用自己的语言简单介绍）。其次，要运用某些策略让学生了解哪些情况下用动名词，如有些动词后面一定要接动名词的，如 practise，mind，enjoy，finish，escape，delay。最后，教师应和学生一起对实际运用中出现的各种特殊情况进行归纳和总结，如动名词复合结构、动名词否定……最后，巩固练习，布置作业。

（2）文化知识背景

学科知识并非孤立存在，而是彼此渗透、相互关联。特别是语言学科，它往往以其他学科知识为载体来展现。语言是知识的外在表现形式，通过语言，可以释义、表达、呈现、归纳、概括和总结知识；没有其他领域的知识，语言的存在也就失去了意义，这种辩证关系说明了一点，要想精通语言，必须先具备一定的、自然科学和社会科学等背景知识。因此，在备课时，教师应充分考虑学生的背景知识，并适当扩展或补充，以帮助学生更有效地接受和理解新知识。例如，在教授"Animals in Danger"时，教师和学生可以广泛收集有关动物的信息资料，并进行整理，将收集的内容进行分类记忆，如按动物的生存地域、性情习惯或存在数量等进行分类。师生共同探讨动物濒临危险的原因和具体的拯救措施。无论是在课前还是课后，师生都应共同关注与本课文相关的背景资料的积累和储备。

（3）学习方法

学生的知识结构、思维方式、行为习惯各不相同，这决定了他们所采用的学习方式也各有差别。例如，在教学"My New Teachers（Speaking）"相关内容时，本节课是口语教学，备课时，教师要考虑学生口语水平和对描述自己喜欢的教师所涉及的有关常用词汇、短语、句式等知识，设计小组活动任务，通过小组活动和对话的方式让学生合作学习、自主学习，使合作、探究与独立思考相结合，最大限度地优化学生的学习方式，提高课堂学习效率。

（4）关注学生的生活经验

高中生在掌握和提升知识的过程中，应当依托一定的生活经验和阅历，以及相应的知识基础。因此，教师在备课时，首要任务是思考如何有效地开发和利用学生已有的知识储备。知识的传授应尽可能地建立在学生已知的知识之上，并结合个人的经验和阅历，以期达到更佳的教学效果。

（5）学生整体学习氛围

在课程筹备阶段，教师应系统性开展班级生态分析，重点关注群体学习特征的多维构成，这要求教师深度解析班级整体性要素，包括成员构成差异、智能类型分布、现有知识图谱、学习动机倾向及学科认知态度等关键维度。通过建立班级学情动态模型，教师可实现教学决策的全局观照与精准定位，其核心价值在于依据学生认知发展规律、现实能力及个性化发展需求，构建适配性教学策略体系，进而通过资源优化配置与情境化教学空间创设，实现知识传递的效能跃迁。

教师应当通过了解学生来获取有关学生的信息，在准备课程时，应预测学生可能产生的想法、难以理解的内容、可能提出的疑问以及容易遗忘的知识点。教师需要思考如何提炼和提升这些内容，甚至可以考虑改编教材，以帮助学生发现记忆的规律，从而完成一个有针对性的备课过程。

2. 备教材

（1）教科书的解读

科学地分析、研究、提炼教科书中要传授给学生的知识内容，整体把握教材的结构框架、知识内在联系，以及前后知识点的衔接。教师在备课过程中要进行合理的知识整合，进行必要的删减、增补、变式、转换、链接等。教材作为高中英语课堂的核心资源，不仅是知识传递的载体，更是师生互动的桥梁。新课程理念强调教师应突破教材固有框架，通过深度解析文本内涵、重组知识逻辑，构建动态化、生成性的教学方案，实现教学创新与素养培育的有机融合。

（2）教学大纲、课程标准及高考说明的解读

通过阅读、分析这些材料，教师能充分把握学生对所授课内容要达到的能力目标和德育目标，设计出为能达到这些目标所选择的凸显授课技能策略。

（3）教学资源的开发、整合与利用

在高中英语课堂备课环节，教学资源的开发、整合与有效利用是提高教学质量的关键维度。教师应系统梳理课内教学内容与课外拓展资源的关联性，建立学科知识网络，剖析各章节内容间的逻辑递进关系，注重跨学科知识融合，挖掘英语教学与其他学科领域的交叉点，深度关联学生既有知识经验与新授内容的衔接点，通过拓展专业阅读、开展跨学科教研交流、利用数字资源平台等途径，构建动态化知识储备体系，以从容应对课堂生成性问题。因此，在解读“教科书”这一核心课程资源的同时，教师还应积极收集、筛选、整理与课堂讲授内容相关的其他教学资源，这些资源包括但不限于拓展和延伸知识所需的文本、插图、列表等材料，这些材料既可以通过实物展示，也可以编辑成课件，以便在课堂上放映使用。

备教材是通过深入分析、研究和开发教科书及其相关资源，使教师自身实现知识内化、能力提升，从而使教学更有针对性。备教材要从教学实际出发，以“My New Teachers（Reading And Vocabulary）”为例，备这节课时，

教师需要通读本模块全部教学内容。首先，明确这一模块的任务、目标，了解被介绍的词汇和阅读部分的关系。其次，设计引出课题的导入问题，准备让学生在课堂上发散思维，自由发表自己的观点，Free talking：How do you like the life in Senior High School？ What kind of teacher do you like most？ And can you describe the teacher who you like most？为后面课文 My New Teachers 奠定基础，营造轻松的英语氛围，使学生能自然进入一个良好的学习状态。在这部分还收集了大量的古今中外关于优秀教师的信息资料，如孔子、苏霍姆林斯基等。再次，备课时设计出有益于学生更好理解和掌握课文内容的表格，把三位教师的特点和教学风格进行对比，梳理课文中知识点，精讲难句和语法，即动名词的用法和"with"的复合结构。最后，设计出帮助消化、理解、巩固本课知识的各种习题及相关的作业。

3. 备教学法

（1）备教法

备教法是高中英语课堂教学设计的核心环节，需以课程标准与考试大纲为基准，结合学生个体认知特征与知识基础，系统规划课堂教学流程。此过程要求教师深度解构教材内容，提炼隐性的知识厚度、精准把握重点难点的精度、构建阶梯式能力进阶的梯度、拓宽跨学科知识关联的广度。教学方法本质上是教学目的与内容适配的实践载体，既需遵循认知发展规律与教学基本原则，又需体现师生双向互动的动态特征，通过策略性行为设计实现知识传递与能力生成的双重目标。

教学方法的优劣是相对于特定的教学目标、学生群体、教师个体以及教学情境而言的。每种教学方法都有其独特的优势和特定的功能，也存在局限性。因此，在备课过程中，特别是准备英语阅读课程时，教师不仅要考虑教学方法的适用性，还要兼顾其灵活性。无论是教学方法本身，还是课堂组织形式和管理策略，都应构成一个连贯的整体，以有效实现教学目标。确定教学方法时，需要综合考虑四个关键要素：①教学目的；②教学内容；③学生情况；④教师素养。这四个要素之间相互影响、相互依存。

英语阅读教学中常见的方法包括：事实细节梳理教学法（文章线索教学法）、主旨大意归纳教学法（文章主旨教学法）、推理判断演绎教学法、猜测词义联系法、段落提问教学法、文章讨论教学法以及文章要点摘录教学法等。根据不同的阅读材料和学生的实际情况，英语阅读课程的教学方法应当有所选择。备课时，教师需要仔细权衡，全面考虑，处理好教学方法的多样性与综合性、灵活性与调控性、积极性与整体性的关系。选择教学方法时，应确保其有助于教育与教学、教法与学法的统一，并在关注教学效果的同时，促进学生各方面素质和能力的提升。为了达成这一教学目标，正确的做法是：将一种教学方法作为主导，综合运用多种教学方法，使它们相互渗透、相互补充，形成协同效应，最终达到教学优化。

（2）备学法

在教学方法与学习策略的协同构建中，教师需以双重维度推进教学设计的科学化。学法指导体系应遵循学生认知发展规律，围绕知识建构的核心环节展开动态设计。具体而言，需依据学生现有知识储备与思维发展阶段，构建从课前自主探究到课后反思拓展的全流程学习支架，这一过程不仅涵盖预习环节的问题导向设计、课堂阅读中的批判性思维训练、听课笔记的结构化记录策略，更需延伸至知识体系的模块化整合与跨情境迁移应用，通过阶梯式任务驱动促进深度学习。

（3）备考法

在备考策略层面，教师需建立以学科核心素养为导向的精准施策体系。通过深度解析课程标准与考试评价框架，提炼教学内容的核心价值与能力层级要求，进而构建多维互动的教学场景。在课堂实践中，教师需灵活运用问题链导学、主题式研讨、靶向性练习等手段，将知识点转化为思维生长点；在课后巩固环节，则需通过分层作业设计、单元主题检测、仿真模拟训练等方式，引导学生实现从知识识记到能力内化的跃迁，最终达成学科思维品质与问题解决能力的协同发展。

4. 备板书

教师的板书不仅展现了知识的核心和教学的脉络，而且是教师学科知识素养和教学综合素质的体现。板书的规范性、逻辑的严谨性、语言的精练性以及知识的科学性和巧妙性，都能明确地反映出来。因此，在备课过程中，教师不应忽视对板书的准备。

5. 备教具

善于利用网络资源辅助备课，以拓宽学生的视野；不仅精心准备教学方法和学习策略，还擅长亲手制作精美且实用的教学课件，使教学更加直观。特别需要准备齐全的学具，并根据学习方法确定学具的数量。

6. 备作业

学生的作业是深化理解、消化和巩固课堂所学知识的过程，也是对教学成效的一种检验。在备课阶段，教师需对作业的内容、形式和数量进行周密的规划和审慎的思考，以确保认真对待这一过程。作业的完成不仅能够有效检验教师的教学效果，也是衡量学生学习成效的关键途径。因此，若作业设计得当，学生不仅能够节约时间、减少精力的投入，还能取得理想的学习效果，这就要求教师在备课时必须精心策划，科学地安排作业。

7. 备辅导

辅导形式大致可以分为课内辅导和课外辅导两大类。课内辅导涉及在课堂上，教师引导学生进行自主学习、理解、吸收和巩固新知识，以及扩展和深化已有知识的策略和方法。简言之，它关注的是对学生自学能力的培养。课内辅导的策略对学生的学习成效和教师的教学效果具有直接的影响。

8. 备反思

传统备课模式常聚焦于教学目标的设定、重难点的解析、教具的筹备及流程的规划，却往往遗漏了“教学反思”这一核心环节。教学反思实质是对教学实施成效的动态回溯，其价值不仅在于总结教学得失，更在于为后续教学优化提供路径指引。成功的教学实践往往凝结着教师的创造性思维，这种思维体现在对教学内容的多维解构与深度阐释中。教师在课堂实践中，需对那些触发学生深度参与、达成预期认知目标或激发师生思维共振的教学策略进行系统性记录，这种记录过程并非简单复现教学场景，而是通过教学现象的解构与教学逻辑的重构，提炼出具有普适性的教学规律，最终形成动态演进的教学认知框架。

（三）备课的形式

1. 个人备课与集体备课

教师的个人备课涉及对即将讲授的知识内容进行深入分析、归纳、整理、挖掘和提升，经过再加工后，通过特定的方式和手段传授给学生，这是集体备课的基础。个人备课的核心在于深入研究学科教学计划、教学大纲和教材；关键在于在知识传授的基础上，实现德育和美育目标；重要环节在于了解学生的学习态度、兴趣、方法和意志，以激发学生的求知欲。在备课过程中，除了研究知识目标，更应关注如何通过教学活动，促进学生情感态度和价值观的提升。集体备课是将教授同一门课程的教师聚集起来，共同对授课内容进行分析、归纳、整理和挖掘，共同研究和探讨，以实现有效教学的课前准备过程，这是在教师个人深入研究的基础上，集体进行的教学研究活动，一种集思广益、共同探讨教学中普遍性问题的方式。集体备课通常采取的形式是参加学年组的集体备课会议。

为确保集体备课的顺利进行，需要采取以下保障措施：①明确三项内容——时间、内容、发言人。②设定统一标准——确保进度、内容、目标、重点难点的一致性。③营造和谐氛围——鼓励参与备课者积极发表意见，认真讨论。④明确过程——首先，要深入剖析教材及相关材料，理解教材的思想性、科学性、系统性，以及新旧知识的衔接点和新知识的生长点，掌握教材内涵知识的联系与区别；其次，要确定传授知识的目标和内容，明确培养的能力，把握知识的范围和深度；最后，对备课内容进行详细记录。

2. 静态备课和动态备课

（1）静态备课

静态备课涉及深入研究学科教材、教学大纲以及考试说明等资料，以明确整体教学目标。在全面理解教材的基础上，明确每节课的教学内容，包括知识目标，并识别教学的重点与难点。在备课过程中，对知识点和技能点进行细致的分析和反复的推敲，以清晰的思路探索教学方法。静态备课的核心在于精准掌握教材的知识目标。必须将教材中要求掌握的知识点进行清晰的整理，梳理知识结构，分类别进行区分，并根据需要进行适当的知识拓展和延伸。例如，在讲解定语从句时，需要系统整理定语从句的相关知识：包括定语从句的定义、引导词的基本选择方法、特殊情况下的引导词应用，以及定语从句引导词与名词性从句引导词之间的差异等。

（2）动态备课

动态备课是在明确知识目标的前提下，探索有效的教学策略和学习方法，深入了解学生的学习兴趣、习惯、态度以及个性特征。关键在于掌握学生接受新知识的动态过程，以避免教学的盲目性和随意性。动态备课的核心在于精准掌握教学与学习的动态要素。每节课都应具备特定的任务和目标，教师需对教学目标有明确的认识，并对“教什么”和“如何教”进行周密规划。传统备课主要关注知识本身，因为传统教学侧重于知识技能的传授，教师带着知识走向学生，因此备课主要集中在静态知识上。而新课程改革下的教学旨在促进学生的终身发展，教师的角色转变为陪伴学生走向知识，备课更多地关注动态的学生。研究型备课具有四个特点：①开放性体现在备课内容上；②互动性体现在备课方法上；③反思性体现在备课过程中；④创造性体现在教学设计上。过去的静态文字教案正逐渐转变为结合文字与思维的动态教案。

二、高中英语课堂教学的授课

在教学的每个环节中，都蕴含着独特的技巧与策略。作为高中英语教师，若能深入研究每一节课的各个教学环节，确保思路清晰、重点突出、方法科学，那么教学效果必将显著增强。按照英语课堂教学的特点和学生学习的特点，可以把英语课堂教学按照以下环节来设计。

（一）热身

在课程开始的几分钟内，教师若能在短时间内激发学生的兴趣，吸引他们的注意力，并使他们的思维达到兴奋状态，迅速地投入学习中，这将决定一节课的教学效果。因此，课前的“warm up”环节是课堂教学不可或缺的重要序曲。教师应采用多样化的方法激发学生的学习热情和主动性，使他们心情愉快、轻松自然地开始学习，这样不仅能够营造轻松的课堂氛围，为新知识的传授打下良好基础，而且，通过持续的课前技能训练，还能培养学生的各项能力，显著提升他们的自信心，全面提高学生的素质。鉴于授课类型、内容、学生情况和教师特点等因素的差异，英语课堂上所采用的热身活动形式也各具特色。在一所普通高中，常见的热身活动包括以下几点：

第一，课前三分钟的自编对话练习。学生自由组合，选择话题，最好与即将学习的新课程内容相关联，进行课前对话表演。每组对话时间控制在半分钟以内，每天外语课前至少进行四组到五组练习。通过每日坚持，学生不仅巩固了语言知识，还锻炼了口语表达能力。

第二，课前三分钟的单词速记抢答。在学习完一个单元后，教师会在第二天的课前利用三分钟时间进行单词记忆抢答训练。学生利用前一天课堂上学到的单词进行速记，课后利用课间或自己的空余时间反复记忆。在第二天的课前，教师采用两种不按顺序的方法进行抢答，要求学生迅速反应所记忆的单词，一是单词不按顺序排列；二是学生不按座位顺序回答，完全打破常规排序，这种训练方式要求学生只有在单词记忆非常牢固的情况下才能应对自如，否则难以反应，这样的方式不仅能高度集中学生的注意力，而且能充分调动学生的学习积极性，使他们以积极的心态和热情投入新知识的学习中。

第三，课前值日生报告（duty report）。在高中英语课堂架构中，课前值日汇报作为特色教学环节，通过每课时的个体化英语展示构建语言实践场域。学生基于自身语言储备自主选取主题，围绕生活观察、兴趣偏好、校园体验等维度展开非限定性陈述，如季节感悟、兴趣分享、校园叙事等。该机制通过创设沉浸式语言情境实现多重教学价值，一方面以情境化输入激活课堂参与动机，形成动态化预热效应；另一方面通过话题自主建构与即时输出，推动语言组织能力与创造性思维协同发展，最终达成课堂生态与个体素养的双向赋能。

（二）呈现

英语课堂的知识呈现策略根据不同的知识内容而各不相同。例如，单词就采用直接呈现或词缀、词性迁移呈现；短语可以采用同义、近义、词根等归纳呈现；语法可以采用基础知识铺垫、系统知识梳理等办法呈现，也可以采用相邻知识间迁移呈现。例如，教师在讲定语从句前要先给学生铺垫好哪些是定语，帮学生理解句子的各部分成分及划分思路，只有把定语从句相关基础知识理解清楚，才能为更好地学习定语从句提供有利条件。又如，教师在讲授“The Violence of Nature（reading and vocabulary）”时，可以先用问题“What natural disasters do you know？”引出话题，紧接着呈现出一些自然灾害的图片，呈现相应的英语单词、短语以及句式，进而引入课文内容。

（三）复习

课前复习是课堂教学中不可或缺的关键环节，尤其在英语教学中显得尤为重要。通过回顾旧知识，复习不仅巩固了已学内容，而且促进了新知识的有效衔接和引入。在进行课前复习时，教师应避免以下问题：①仅仅进行一对一的简单提问；②对所有学生采取千篇一律的复习方式，忽略了学生的个体差异；③仅侧重于口头回答，而忽略了听写等其他技能的训练；④对语言的交际功能重视不足；⑤过分专注于知识本身，而忽视了思维能力的培养；⑥忽略了能力培养和德育的融入。课前复习的要求主要包括以下几个方面。

1. 形式多样的复习方法

设计形式多样的复习方法，以激发学生的学习兴趣，这些复习方法主要包括以下几个方面。

（1）对比法

在教学“British English”和“American English”的时候，教师可以指导学生在课前了解英国和美国的文化背景和各自语言产生的历史背景，分析其原因，然后在课堂复习时，运用对比填表格的方式，展现英国英语和美国英语的不同之处。

（2）过程叙述法

复习“A Lesson in a Lab”模块时，教师让学生用两分钟时间叙述一个化学实验过程，然后教师和其他学生一起补充，这样复习有关实验所用单词的同时，又再现了化学实验的全过程，既巩固了英语知识又培养了能力。

（3）竞赛法

教师在讲授“My First Ride on a Train”的课前复习环节中，可以设计让学生分组竞赛的方式，把全班分成四组，每组成员在限定时间内说出已经学过的有关交通知识的词汇或短语，说得既多又准确的一组获胜，这样的课前复习方式，能调动全班学生的学习兴趣，激发学生的学习热情，能让学生以积极的心态投入新知识的学习中来。

（4）知识迁移法

通过构词法来扩大词汇。例如，教师在讲授“fortunate”一词后，可以进行延伸教学，前面加上词缀“un”便构成反义词“unfortunate”（不幸运的）；加上后缀“ly”便构成副词 fortunately（幸运地）。当学生看到“fair”一词前面加上词缀“im”的时候，便可以迁移，想到“unfair”便是否定意思“不公平的”；看到“lucky”前面加上词缀“un”，就知道是“不幸运的”。

2. 有效分层的复习形式

新课程改革强调教育应立足学生个体发展差异，这一理念在英语课堂复习环节中体现为对分层教学模式的深化探索。传统的统一化复习策略难以适配不同认知水平学生的发展需求，教师应构建以能力差异为基准的动态分层机制。在教学实践中，教师可依据学生语言能力、学习风格及知识储备的异质性特征，将班级划分为若干合作学习单元，每个单元内部按 A（高阶学生）、B（发展型学生）、C（基础巩固者）三个维度进行梯度配置，这种异质分组策略既能通过组内互助机制实现知识互补，又能通过同质竞赛激发不同层次学生的潜能，形成良性竞争生态。分层体系应贯穿复习目标设定、内容编排与实施路径的全流程。对于 A 层学生，应构建以批判性思维为导向的复习范式，通过高密度语料分析、多模态文本解构及学术写作训练等任务，强化其语言迁移与创新能力；B 层学生则侧重于知识网络的系统化重构，通过主题式任务链设计促进语言技能的均衡发展；C 层学生需依托结构化支架工具，以渐进式语言输入为核心，逐步突破基础语法与词汇运用的认知障碍，这种差异化策略的实践本质，是构建以学生为中心的弹性教学空间，使复习过程真正成为知识内化与能力生长的双重场域。

3. 注重培养学生思维能力

学生思维的培养贯穿教学过程的各个阶段，包括课前复习。良好的思维习惯不仅对学生高效学习至关重要，也是教师高效教学的关键前提。因此，在课前复习时，除了巩固基础知识，更应重视思维能力的培养与训练。

（1）缜密性

在高中英语教学的每个环节中，严谨的思维是必不可少的。在分析句子时，必须迅速将句子所提供的条件与备选条件建立联系。在这一过程中，对每一个关键词或短语的综合考量至关重要，因为遗漏任何条件或关键词都可能导致思维上的偏差，进而影响对内容的准确理解以及对选项的正确判断，最终导致错误的答案选择。例如，“It will be a long time ___ he comes back”，很多学生不假思索地选择了“since”，这样选的同学就没有关注时态的不同，而是混淆了句子“It is（has been）a long time he came back”与本句子之间的不同，因为思维缺少缜密而误选了答案。

（2）敏锐性

在高中英语课堂的每个环节上学生都要保持思维的快速敏捷，应该能在最短的时间内提取出解题的最关键的信息，并能迅速将相关信息建立起有效联系。例如，It was reported that ___ in cloning animals by the scientists in South Korea.

A.many progresses had been made

B.good progresses had been made

C.much progress has been made

D.rapid progresses has been made

在句子中，学生要反应出整个句子的整体结构是“It”作形式主语，“that”从句为真正的主语从句，然后迅速反应出短语“make progress”并记起“progress”是不可数名词，最后反应出所给答案用被动语态才能完成。如果学生在解题的时候能及时把所有相关信息考虑出来，不但解题的准确性能够得到保证，而且能保证解题时间。教师在设计课前复习的相关问题及指导课前复习环节进行时，要考虑对学生思维敏锐性的训练，所以，最应该关注的问题就是学生对知识的熟练度和解题的反应速度。

（3）广阔性

思维的广阔性体现为个体在问题解决过程中，能够以全局视野构建认知框架，保持对关键细节的敏锐捕捉能力。在语言理解训练中，若学生缺乏对文本所涉文化符号系统的深层认知，其思维图式将因缺乏结构性知识支撑而呈现碎片化特征，导致语义解码过程中难以建立有效的逻辑关联网络。因此，教育实践应注重构建多模态知识图谱，通过整合人物纪实、时事评论、经济现象、文化符号、民俗传统、艺术范式、体育精神及娱乐生态等跨领域素材，形成立体的认知参照系，这种知识整合机制不仅为思维发散提供锚点，更能促进不同认知域间的意义联结，从而突破单一维度理解的局限性。

（4）深刻性

思维的深刻性则指向对事物本质属性的穿透性洞察能力。优秀思维者往往具备从表象中提炼规律范式的认知禀赋，能够通过符号系统的解码过程，揭示现象背后隐含的社会运行机制与自然法则。在文本解析实践中，这种能力表现为对表层语义的超越性理解——学生需在字面意义解读的基础上，通过语义场的重构与概念网络的延展，完成对文本价值取向的批判性审视与精神内核的升华性提炼，这一过程实质是认知主体与文本符号系统的意义协商过程，要求个体具备将具体文本纳入宏观知识体系进行定位的能力。

（5）灵活性

思维的灵活性强调认知系统的动态调适特性，表现为在认知情境发生转变时，能够及时解构既有思维定式，依据新信息重构问题解决路径，这种认知弹性要求个体既保持经验系统的稳定性，又具备突破路径依赖的革新勇气。当认知对象出现属性变异时，思维主体需通过元认知监控实现思维策略的实时切换，在保持问题解决目标连贯性的前提下，完成思维工具的适应性选择与认知框架的创造性重组。在讲解完有关知识点后，在第二天新授课前，利用三五分钟训练一个或两个比较有灵活性的习题，实现培养学生思维灵活性的目的。例如，教师在讲“make use of ”是“利用”的意思，学生能够掌握其基本意思，并能够运用于简单的句子中，在此基础上，进行合理变形运用，如“The use that people make of water is worth considering”。又如，“play…

part in”译成“在某方面起着……样的作用”，习题中经常变形使用“The part that he played in the event was great”。

4. 加强听写能力的训练

提升听力训练对于增强学生的英语沟通技巧至关重要。尽管课前复习的时间有限，但持续的练习定能带来惊喜的成效。教师可以利用课前准备的、能够激发学生兴趣的经典短文，引导学生进行听力练习。例如，教师可以展示这些短文，鼓励学生用自己的话进行复述，或者让学生分享自己事先准备的内容，并在班级中进行讨论，以此来锻炼学生的听力技能。

（四）练习

在英语学科教学体系中，训练巩固环节作为衔接知识输入与能力输出的核心枢纽，对认知结构的形成具有不可替代的建构价值。科学化的训练设计能够通过结构化实践促进学生将离散的语言要素整合为系统化的知识网络，进而实现语言技能的自动化迁移。当前英语教学的实践困境集中体现于如何突破传统训练模式的低效性，构建符合认知发展规律的巩固活动体系。有效的课堂训练应具备多维特性，其目标设定需兼具认知导向与技能靶向，确保练习内容与教学目标形成精准映射；实施过程应体现即时转化效能，通过梯度化任务设计促进知识内化；反馈机制需建立动态矫正回路，基于形成性评价实施个性化干预；活动组织应融入认知激励要素，以情境化任务激发学习内驱力；评价体系则需构建发展性反馈框架，通过多元评价维度强化正向学习体验。

（五）巩固作业

在课堂训练的基础上，教师为学生布置相应的任务，让学生依据所学知识，灵活运用，以评估课堂学习的成效，作为对课堂知识的补充和巩固。“课堂”这一环节中，最关键的策略是确保其具有针对性和实效性。作业环节是一节课的收尾部分，是课堂教学的延伸。学生课外作业的质量直接关系课内知识的巩固和提升。因此，教师在设计作业时，应力求科学性和有效性。

三、高中英语课堂教学的辅导

（一）辅导的方式

每位学生都有其独特性，这在他们的知识基础、思维能力、学习习惯以及性格特征等方面表现得尤为明显。由于单一的课堂授课方式无法满足所有学生达到理想学习效果的需求，因此，有针对性的辅导变得至关重要。辅导可以分为课内辅导和课外辅导两大类。过分依赖课堂辅导而忽视学生对知识的复习和巩固，或者只注重课外辅导而缺少教师的指导，都会导致学习效果的不理想。只有将两者有机结合，才能实现最佳的教学效果。

（二）辅导的策略

1. 课内辅导

（1）选择适合的方式

在自主学习的课堂上，教师的核心职责是依据教材内容和学生的实际情况，挑选恰当的教学策略，激发学生对自主学习的热情。由于学科的差异和知识的分类，所采用的辅导方法也应各有侧重。恰当的辅导方式能够显著提高学生的学习效率，而不当的方法则难以达到预期的教学效果。此外，示范操作的流程先是展示一个汉语句子，引导学生尝试分析句子结构及其各个组成部分。随后，让学生收集一些句子，并在同学之间相互协作，共同对这些句子进行成分划分，直至大家都能准确而熟练地掌握句子成分的分析。接下来，指导学生将母语中的相关知识有效地迁移到其他语言学习中。鉴于定语从句的难点主要在于引导词的使用，而引导词的选择又取决于其在从句中所承担的句子成分，基于这一理解，再将英语知识融入其中，学生便能运用自如。最终，进行查漏补缺。在整个教学过程中，教师的作用是将备课时准备的材料与课堂环节相结合，随着课堂的逐步推进，通过指导和引导学生进行思考、分析、领悟、理解、消化和吸收。

（2）创设宽松的环境

在实施高中英语课堂辅导时，构建支持性学习环境至关重要。教师应致力于营造宽松包容的课堂氛围，通过情境化教学设计激活学生的自主探索意识，使学习内容以问题链或任务群形式自然呈现，诱发学生认知冲突与求知欲，这种环境创设需兼顾物理空间与心理空间的双重维度，既要保证教学流程的开放性，又要维护课堂秩序的适度张力。当学生在非焦虑状态下参与探究活动时，其认知加工效率与元认知监控能力将显著提升，这要求教师建立即时反馈机制，通过分层评价与过程性激励使学生持续获得成功的体验。

（3）激发学生的热情

教师需将知识建构过程转化为精神成长场域，通过对话式教学与认知学徒制策略，使语言技能习得、思维品质发展、文化意识培育形成有机联结。在此过程中，学生的主体性表达与个性化发展应被置于教学设计的核心位置，使课堂成为认知建构与情感共振的双重场域。

（4）调控高效的课堂

在课堂上辅导学生进行自主学习时，教师的有效引导至关重要。自主学习强调学生作为学习主体的角色。在课堂上，学生自主、自控学习的时间是有限的，因此教师必须精准把握“自主”与“放任”以及“开放”与“无序”的平衡点，以确保有效引导。教师应指导学生确立清晰的学习目标，并在实现这些目标的过程中，遵循一定的学习规律，有序地推进，灵活运用教学方法，确保在 45 分钟的课堂时间内全程参与调控，充分展现教师的主导作用。

2. 课外辅导

针对不同的授课内容，结合学生的英语学习实际，在备课时，选择有效的辅导策略，才能收到良好的课堂教学辅助和完善的效果。

（1）从学生实际出发，做到有的放矢

在授课和课外辅导中，教师必须注重不同层次的学生，选择他们能够理解的语言和教学方式，并且精心设计辅导内容，确保新知识与他们现有的基础能够有效衔接。对于基础稍好的学生，课外辅导的重点在于扩展知识和延伸课堂内容。在准备这些学生的辅导材料时，要确保能够帮助他们拓宽知识面和提升能力。在日常英语教学中，除了在课堂上不断渗透学习方法，课外辅导也特别强调这一点，定期对特定知识专题的学习方法进行归纳和提炼。例如，单词归纳记忆法、从句对比区分法、特殊知识口诀记忆法等。在课外活动和社会实践的辅导中，备课时要充分考虑学生的知识结构和个性特点，包括他们的兴趣、爱好和特长等方面。

（2）从良好环境出发，创造有利条件

在备课过程中，教师应考虑如何将课堂所授知识与学生的课外学习相结合，这包括思考学生在课外需要收集或查找哪些相关资料，以及他们需要与哪些部门合作或与哪些人士交流，以实现学习目标。教师应为学生的自主学习提供策略支持，确保指导科学、目标明确且过程设计合理。否则，学生可能会在学习中迷失方向、盲目跟随而效率低下。例如，当学生计划去电影院观看英文电影、前往图书馆查阅相关英文资料或参与英语角的交流时，教师都应提供必要的指导。

（3）从开阔视野出发，拓展课外知识

辅导学生进行课外学习时，教师应以教材内容为核心，适度向外拓展，以丰富教材的深度和广度，鼓励学生利用图书馆资源和网络平台进行资料收集，深入思考并精心设计，确保学生在课后能够自主扩展相关知识领域，并培养必要的学习能力。

第四节　数字技术赋能高中英语课堂教学实践

高中英语课程的实施，应选择恰当的数字技术和多媒体手段，确保虚拟现实、人工智能、大数据等新技术的应用有助于促进学生的有效学习和英语学科核心素养的形成与发展，数字技术如何赋能高中英语课堂教学成为高中英语教师关注的重要课题[①]。数字技术凭借自身独特优势，为高中英语课堂教学实践注入了全新活力，推动教学模式、学习体验及教学效果等多方面发生积极变革。数字技术赋能高中英语课堂教学实践主要包括以下几个方面。

一、丰富教学资源，拓宽学习视野

传统高中英语课堂教学资源相对有限，多依赖教材、教辅资料以及教师自身的知识储备，这种资源获取方式不仅在内容丰富度上存在局限，更新速度也难以跟上时代步伐，导致学生在学习过程中接触的英语素材较为单一，难以充分领略英语语言文化的多元魅力。数字技术的介入，极大地改变了这一局面。网络如同一个浩瀚无垠的知识宝库，其中蕴含着海量的英语教学资源，各类英语学习网站、在线课程平台、数字图书馆等，为学生提供了丰富

① 程欣欣．数字技术赋能高中英语课堂教学的实践［J］．教学月刊（中学版），2024（36）：14.

多样的学习材料，包括英文原版书籍、期刊、电影、音乐、纪录片等，这些资源形式各异，能够满足不同学习风格和兴趣爱好的学生需求。例如，对于喜欢阅读的学生，可以轻松获取大量经典英文文学作品，在沉浸式的阅读体验中提升语言感知能力；对于热衷于视听学习的学生，丰富的英文电影、纪录片等资源则成为绝佳的学习素材，有助于他们在生动的情境中理解语言知识，培养语感。

此外，数字技术还使得教学资源的更新更为及时，英语作为一门不断发展的语言，新的词汇、表达方式以及文化现象层出不穷。通过网络平台，教师和学生能够第一时间接触到最新的英语资讯，了解国际社会的动态，使英语学习与时代发展紧密相连，这种丰富且及时更新的教学资源，极大地拓宽了学生的学习视野，让他们不再局限于课本知识，而是能够站在更广阔的平台上，感受英语语言的魅力与活力，为培养具有国际视野和跨文化交际能力的人才奠定坚实的基础。

二、创新教学模式，激发学习兴趣

传统高中英语课堂教学模式往往以教师为中心，教师在课堂上占据主导地位，通过讲解、板书等方式传授知识，学生则处于被动接受的状态，这种模式在一定程度上限制了学生的主动性和创造性，导致课堂氛围沉闷，学生学习兴趣不高。数字技术的引入为高中英语课堂教学模式的创新提供了有力支持。借助多媒体教学手段，教师可以将文字、图像、音频、视频等多种元素有机融合，制作出生动形象、富有吸引力的教学课件。例如，在讲解英语语法知识时，通过动画演示的方式呈现语法规则的形成过程，能够让学生更加直观地理解抽象的语法概念，降低学习难度。在教授英语词汇时，结合图片、例句以及生动的发音示范，能够加深学生对词汇的记忆和理解，提高学习效率。

互动式教学平台的应用更是为高中英语课堂带来了全新的教学体验，这些平台打破了时间和空间的限制，实现了师生之间、学生之间的实时互动。在课堂上，教师可以利用互动平台发起讨论话题，鼓励学生积极参与，分享自己的观点和想法。学生之间也可以进行小组协作学习，共同完成任务，培养团队合作精神和沟通能力。课后，教师还可以通过平台布置作业、批改作业，并及时给予学生反馈和指导，这种互动式教学模式充分调动了学生的学习积极性，让他们从被动接受知识转变为主动探索知识，极大地激发了学习兴趣。

此外，虚拟现实（VR）和增强现实（AR）技术也逐渐走进高中英语课堂。通过这些技术，学生可以身临其境地感受英语国家的文化场景，如漫步在英国的街头巷尾、参观美国的博物馆等，这种沉浸式的学习体验能够让学生更加深入地了解英语国家的文化背景和社会习俗，增强对英语语言的理解和运用能力，也能为课堂增添更多趣味性和吸引力。

三、实现个性化学习，满足多元需求

每个学生都是独一无二的个体，在学习能力、学习风格、兴趣爱好等方面存在着差异。传统高中英语课堂教学往往采用"一刀切"的教学方式，难以满足不同学生的个性化需求，导致部分学生学习进度滞后，而部分学生则觉得学习内容缺乏挑战性。数字技术为实现高中英语课堂的个性化学习提供了可能，学习系统能够根据学生的学习数据，如答题正确率、学习时间、学习偏好等，为每个学生精准绘制学习画像。通过分析这些数据，系统可以准确了解学生的学习优势和薄弱环节，从而为学生量身定制个性化的学习计划和推荐合适的学习资源。例如，对于词汇量不足的学生，系统会推荐专门的词汇学习课程和练习；对于语法知识掌握不牢固的学生，则会提供有针对性的语法讲解和强化训练。

在线学习平台允许学生按照自己的节奏进行学习，学生可以根据自身情况自由安排学习时间和进度，对于已经掌握的知识点可以快速跳过，而对于难点内容则可以反复学习和巩固，这种自主学习的方式能够让学生更好地掌控自己的学习过程，提高学习效率。教师也可以根据智能学习系统提供的数据反馈及时调整教学策略，关注每个学生的学习进展，为学生提供更加精准的指导和帮助，确保每个学生都能在英语学习上取得进步。

四、优化教学评价，提升教学质量

教学评价是教学过程中不可或缺的环节，它不仅能够反映学生的学习成果，还能为教师调整教学策略提供依据。传统高中英语课堂教学评价方式较为单一，主要以考试成绩为主，这种评价方式过于注重结果，忽视了学生在学习过程中的努力和进步，也无法全面、客观地评价学生的英语综合素养。

数字技术的运用为高中英语课堂教学评价带来了新的变革，多元化的评价方式得以实现，除了传统的考试评价，还可以通过在线测试、作业提交、课堂表现记录、小组项目评估等多种方式对学生的学习情况进行全面评价。在线测试系统能够实时反馈学生的答题情况，让学生及时了解自己的学习漏洞，教师也可以根据测试结果进行有针对性的辅导。课堂表现记录系统可以记录学生在课堂上的发言次数、参与讨论的积极性、与同学的合作情况等，从而更加全面地评价学生的学习态度和参与度。

此外，数字技术还支持过程性评价，学习管理系统能够自动跟踪学生的学习轨迹，记录学生在学习过程中的每一个环节，如学习时间、学习内容、练习完成情况等。通过分析这些过程性数据，教师可以更加深入地了解学生的学习习惯和学习方法，发现学生在学习过程中存在的问题，并及时给予指导和建议，这种过程性评价能够及时反馈学生的学习情况，让学生在学习过程中不断调整自己的学习策略，也为教师优化教学过程、提高教学质量提供了有力支持。

五、促进教师专业发展，提高教学水平

数字技术在高中英语课堂教学实践中的应用，不仅对学生产生了积极影响，也为教师的专业发展提供了广阔的平台。在传统教学模式下，教师的专业发展主要依赖参加培训、观摩公开课等方式，这些方式虽然有一定效果，但受到时间和空间的限制，资源相对有限。数字技术的普及打破了这些限制，教师可以通过网络平台获取丰富的教学资源，如优质的教学课件、教学案例、专家讲座等，不断拓宽自己的教学视野，学习先进的教学理念和方法。在线教学社区为教师提供了一个交流互动的平台，教师可以在这里分享教学经验、探讨教学问题、共同开展教学研究。通过与其他教师的交流与合作，教师能够不断反思自己的教学实践，发现自身的不足，并借鉴他人的成功经验进行改进。

此外，数字技术还促使教师不断提升自己的信息技术素养，为了更好地将数字技术融入课堂教学，教师需要掌握多媒体课件制作、在线教学平台使用、智能学习系统操作等技能，这种对信息技术的学习和应用过程，不仅有助于教师提高教学效率，还能推动教师自身专业素养的全面提升，使其能够更好地适应教育信息化时代的发展需求，成为具备创新精神和实践能力的新时代英语教师。

总而言之，数字技术以其强大的功能和独特的优势，在高中英语课堂教学实践中发挥着重要作用，它丰富了教学资源，创新了教学模式，实现了个性化学习，优化了教学评价，促进了教师专业发展。随着数字技术的不断发展和完善，其在高中英语课堂教学中的应用前景将更加广阔。教师应积极探索和实践，充分发挥数字技术的赋能作用，不断提升高中英语课堂教学质量，为学生的英语学习和未来发展创造更加有利的条件。

第六章　高中英语课堂教学评价的创新实践

高中英语课堂教学评价，作为衡量教学成效、指引教学方向的关键环节，不仅关乎知识的传授与掌握，更涉及思维的培养、素养的提升与未来的发展。本章深入剖析其特点分类、功能原则、方法反思、重要维度及创新视角，探寻英语课堂评价的无限可能。

第一节　高中英语课堂教学评价特点与分类

一、高中英语课堂教学评价的特点

高中英语课堂教学评价不同于常规性测验，它具有以下特点。

（一）以学生为核心

英语课堂教学评价旨在为教师和学生提供关于学生学习状况的反馈信息，以便观察学生的学习现状并促进其学习进步。从评价及其反馈的对象和目的来看，评价活动主要围绕学生展开，因此英语课堂教学评价具有明显的以学生为核心的特点①。

① 李秀英，崔克榜，王丹．高中英语课堂教学探索与创新［M］．长春：吉林人民出版社，2021：188.

（二）以教师为引导

英语课堂教学评价是辅助教师组织有效教学的重要手段，也是提高教学质量的关键策略。尽管评价活动以学生为核心，但教师在评价过程中拥有高度的自主权，他们自行确定评价内容，选择评价方式，以及决定反馈信息的处理方式。可以说，英语课堂教学评价是在教师监督下的学生自我评价，教师的引导作用不可或缺。

（三）互利性特点

英语课堂教学评价不仅有助于学生及时了解自身学习状况并有针对性地解决学习问题，而且有利于教师提高教学水平，顺利实现教学目标。例如，教师可以根据课堂评价提供的反馈信息，不断调整教学计划，改变教学方法，完善教学内容。总体而言，课堂评价对教师和学生的教与学均具有显著的促进作用。

（四）特定性特点

英语课堂教学评价的对象是特定的学生、特定的教师以及特定的课堂教学内容。适用于某一班级或特定课型的评价方式，并不一定适用于其他班级或不同课型。因此，对于不同的学生、教师和课型，教师应采取不同的评价方式，避免采用单一的评价模式，以确保教学评估的有效性。

（五）连续性特点

在英语课堂上，教师运用多种评价方法来掌握学生的学习状况，并将信息反馈给学生，有针对性地提出改进建议。为了验证改进建议的效果，教师会对学生进行后续的多次评价，形成一个“反馈链”。由此可见，英语课堂教学评价是一个持续不断的过程，具有连续性。

二、高中英语课堂教学评价的分类

高中英语课堂教学评价是对教师课堂教学的评价，主要是对教师的课堂教学行为及其效果的价值判断。课堂教学评价通常包括教师和学生、过程和结果两个维度。

根据不同的标准可以将课堂教学评价分为不同的类型。根据评价分析方法的不同，可以将教学评价分为定性评价和定量评价；根据评价主体的不同，可以将教学评价分为自我评价和他人评价；根据评价功能的不同，可以将教学评价分为诊断性评价、形成性评价和终结性评价；根据评价基准的不同，可以将教学评价分为相对评价和绝对评价。

（一）终结性评价

终结性评价又称事后评价，是在某个相对完整的教学阶段结束后对该阶段的教学目标实现程度所做的评价，是一种结果性评价。终结性评价多用于学期末对各门学科的考试、考核，目的在于检测学生的学习是否达到了各科的教学目标。布鲁姆曾指出，终结性评价的主要目的在于给学生评定成绩，或为学生做证明，或者评定教学方法的有效性。

1. 终结性评价的基本特征

终结性评价有以下特征：第一，从目标上看，终结性评价是对整个教学过程或某个重要阶段、部分所取得的成果进行评定，从而评定学习的成绩，并为学生进一步地学习提供指导。第二，从内容的分量上看，终结性评价评价的是学生对某门课程所有内容的掌握情况，由于评估的内容比较全面，因而评价具有分量大、频率低的特点。第三，从评价内容上看，评价的概括性较高，题目多为知识、技能、能力等多个方面的综合体。

2. 终结性评价的具体作用

终结性评价的作用主要包括以下方面：①评定学生成绩；②对学生的学习提供反馈；③证明学生掌握知识、技能的程度和能力水平；④预测学生在后续学习中成功的可能性，确定学生在后续学习中的起点。

3. 终结性评价的评价方式

终结性评价多采用作品、作文、研究报告、绘画、学生成长档案等表现性的评价方式。下面探讨几种常用的终结性评价方式。

（1）学生成长档案

学生发展档案旨在汇集学生学习成果，将其整理存放在适当的容器中，如文件夹或档案袋。定期地，依据所收集的资料，对学生学习进展及其进步过程进行评估。

学生发展档案可涵盖学生学习行为记录、日常测验、书面作业样本、自我评估表、诊断性测验以及教师和家长对学生学习状况的评语等。为了充分发挥记录档案的作用，教师应鼓励学生参与资料的选择与整理，并引导他们对作品进行自我评价。学生的积极参与有助于提升评价的有效性。

学生发展档案记录了学生在特定学习阶段的过程和成果，既包括过程性的记录，也包括阶段性的成果和作品。必须明确的是，并非学生的所有作品均需纳入学生发展档案，只有那些能够体现学生进步和成就、反映学生学习情感和态度、描述学生学习过程和方法的作品，才是最能反映学生进步的，也是学生发展档案应当收录的核心内容。

（2）论述题

论述题旨在提出问题，并要求学生依据问题内容，系统地组织语言以阐述其答案。该题型的答案可以是简洁明了的，亦可以是学生在对问题进行深入思考后所撰写的详尽论述。论述题主要用于评估学生在概念理解、知识建构、信息组织、整合、关联及评价观点等方面的能力。

论述题可进一步划分为限制性论述题与扩展性论述题。限制性论述题对答题内容和形式设定了明确的界限，要求学生在既定范围内作答，不得随意发挥，因此答案篇幅相对有限；而扩展性论述题则允许学生在所提问题的框架内自由地运用相关知识，系统且条理清晰地表达其观点。

（3）项目

项目评价作为终结性评价的一种重要方式，其形式多样，包括但不限于网页制作、模型制作、调查报告等。例如，在教学评估过程中，教师除了书面测试，还可以通过学生的表演来综合评估其能力。因此，项目学习既是一项活动，可作为形成性评价的参考，其成果的展示也可作为终结性评价的一种手段。

在实际应用中，终结性评价并非固定不变，而应根据能力培养的特性进行适当选择。例如，评估听力能力时，通常采用听力测试，包括选择填空、完成句子、匹配、排序、回答问题等方法；评估口语能力时，可采用访谈、口头陈述、辩论、角色扮演等终结性评价方法；评估阅读能力时，可运用选择填空、回答问题、完成句子、判断正误、排序等多种方式；评估写作能力时，既可采用整体评分，也可采用分项评分；而评估综合能力时，项目评价则是一种典型方法。项目评价能够全面考查学生在资料检索、材料选择、素材分析、构思、评价等方面的能力。实际上，终结性评价主要用于综合能力的评估，而较少涉及听、说、读、写等单项技能的评价。

（二）形成性评价

形成性评价又称过程性评价，最早由斯克列汶于 1967 年首次提出，后来布鲁姆将其使用范围扩展开来，成为教学评价的一种类型，它是为获得教学过程中学生学习的反馈信息，了解学生对所学知识的掌握程度而进行的，是对学生的学习行为与能力发展的系统的过程性评价。形成性评价是英语课程教学的有机组成部分。评价内容包括学习心理、学习行为、情感态度、参与情况、学习策略、合作意识等多个方面。使用形成性评价有助于教师及时了解阶段教学成果，了解学生学习的进展情况、存在的问题等，以便及时调整和改进教学活动。

1. 形成性评价的基本特征

第一，形成性评价的目的不是评定学生学习成绩的等级的，而是改进学生的学习。

第二，形成性评价具有评价内容分量小、频率高的特点，通常用于一个单元课题或新的概念和原理、新的技能的教学初步结束后进行，可及时为教师提供反馈。

第三，形成性评价的概括性水平较低。这是由于形成性评价通常涉及的范围较小，如单元测试和学习进步测试等，注重学生的学习过程，因而不具有高度概括性。

2. 形成性评价的具体作用

第一，为教师提供反馈信息。通过形成性评价，教师可以获得教学效果的反馈信息，能够发现教学过程中的不足，从而改进教学策略。

第二，确定学生学习起点。形成性评价能够确定学生对所学内容的掌握情况，从而确定下一阶段的学习起点，并据此确定下一阶段的学习任务与速度。

第三，改进学生的学习。形成性评价能够反映出学生对所学内容掌握的缺陷以及在学习过程中碰到的难点，教师可以根据评价结果及时进行讲解和纠正。另外，学生也可以根据评价结果发现自己学习中的问题，并集中精力攻克这些问题，改进学习。

第四，强化学生的学习。形成性评价的结果能够对已经完成或接近完成某一单元学习任务的学生起到积极的强化作用。

3. 形成性评价的评价方式

形成性评价的开展形式也多种多样，如日常家庭作业评定、课堂学习活动评比、学习档案、学习效果自评、课外活动参与和点评、访谈、问卷调查、家长对学生学习情况的反馈与评价、平时测验等。

（1）日常记录评价法

形成性评价是一种过程性评价，教师可以对学生的日常语言、行为和学习做记录，记录内容包括对日常重要事件的记录以及对学生活动和进步的记录。日常记录还可以是让学生自己记录自己的学习经历、学习感受等的学生日志。

（2）量表评价法

量表评价法是传统教学课堂评价中最为普遍采用的方法之一。运用量表，评价过程可更为可靠、公正且节省时间，同时有助于识别学生的优势与不足。借助此类量表，学生得以进行自我评价及相互评价，教师亦可针对学生行为进行多种评价。实施量表评价时，首要任务是确立评价指标，并设定评级等级。评价者在评估过程中应参照课堂教学的实际情况，逐项给出相应的评定等级。

评价量表构成了量表评价法的核心。在编制评价量表之前，必须明确评价的目的与要求，制定评估标准，以明确评价量表应聚焦的内容，并确定其应包含的指标。在使用评价量表之前，评价者应先仔细阅读评价表，熟悉评价指标，并根据评价要点做好课堂听课记录，以便随时参照课堂教学的实际情况，分析并填写评价量表中各项的实际情况。课堂教学结束后，评价者需整理、汇总、综合收集的资料，指出评价对象存在的问题，并提出进一步发展的建议，以最终促进教师教学水平的提高及教学质量的发展。

（3）课堂观察法

课堂观察是量表评价法的补充，它有助于评价者获得量表所不能得到的信息。课堂上，教师可以观察学生的行为表现、参与情况、态度变化、任务完成的过程与质量等，帮助分析学生在课堂上的各种行为和教师的各种操作，为完善教学设计提供依据。

（4）学生成长档案

学生成长档案适用的范围比较广，既可以用于终结性评价，也可以用于形成性评价，有时还可以用于选拔。学生成长档案以学生为中心，能够从多方面向学生、教师、家长、学校反映每位学生一段时间内的成长过程以及学习目标的制定和评价。

学生成长档案作为形成性评价的一种方式，应当注意以下方面：首先，学生成长档案必须具备真实性，确保能够准确反映学生在学习过程中的成就与进步。其次，学生成长档案的内容应持续更新，以便及时发现学生的进步与存在的问题，进而激励学生进行反思与改进。再次，学生成长档案中的材料应由学生自主挑选与收集，以帮助学生深刻理解评价的意义与价值，并积极反思自身的学习过程，从而激发提高与进步的动力。最后，记录袋应将教学与评价紧密结合起来，使教师能够获取学生所需的信息，进而推动教学的改进。

恰当运用学生成长档案，可以为学生提供充分的选择机会与发展空间。它能够向学生、教师及家长提供关于学生学习状况的准确信息，揭示学生所掌握的知识与能力，以及思维和问题解决能力的发展轨迹，从而使教师能够根据每位学生的具体情况，提供具有针对性的建议。

（三）诊断性评价

诊断性评价旨在使教学内容与学生需求相契合，并确保其满足学生的需求。在课程或学习单元启动之前，该评价对学生的认知、情感及技能等层面进行评估。布鲁姆曾强调，诊断性评价的核心目的在于推动学习进程，它有助于为那些缺乏必要前提条件的学生设计出能够排除学习障碍的教学方案。同时，为那些已经掌握部分或全部内容的学生，设计出能够发挥其优势并预防厌学情绪的学习方案。

诊断性评价不仅适用于教学活动开始之前，也适用于教学过程中。在教学活动开始前的评价，主要目的是测试学生的当前水平，并据此进行适当的安排；而在教学过程中的诊断性评价，则主要用于识别学生学习过程中存在的问题及其成因。在教学实践中，教师若要设计出符合学生特点的教学方案，必须掌握学生已有的知识、技能及其掌握程度，了解他们的学习动机和状态，发现他们在学习过程中遇到的问题以及这些问题的根源。获取这些信息的方法众多，而诊断性评价则是其中最常用且最有效的一种。总体而言，诊断性评价能够检验学生的学习准备情况，辨识导致学生学习困难的因素，并确定对学生的适当安排。

第二节　高中英语课堂教学评价功能与原则

一、高中英语课堂教学评价的功能

要想对教学评价有进一步的认识，必须了解教学评价的功能。一般而言，教学评价具有导向、预测和激励三项功能。

（一）导向功能

评价的导向功能是指评价能够引导评价对象朝着预设目标行进。确定教学目标和设置指标等有助于指明教与学行进的方向。教学评价的导向功能主要体现在以下几个方面。

1. 为教与学指明努力方向

评价直接影响着教师如何教、学生如何学。在实际的英语教学中，评价对教与学的指导意义并未被纳入评价体系。针对这种情况，评价必须形成科学体系，使评价为教师和学生确定全面发展的达成性目标，并使之通过努力来实现各个小目标，最终实现整体的大目标。而一旦评价方向有偏差，教与学也就会随之偏离方向，导致畸形发展。

2. 为教与学确定超前发展方向

尽管教学评价具有一个导向的基本框架，但这种导向是一般意义上的导向，还应具有超前评价的导向构想，尤其是在教学评价的研究中更应如此。

评价构想必须走在教学实践的前面，这样才能发挥其指导功能。教学评价的超前导向功能必须引起我们的足够关注，对教学评价实践的研究不应满足于现状，而应赋之以超前的观念，让教学评价走在教学实践的前面，以便更好地发挥其导向功能。

3. 引导教学朝国家教育发展方向前进

评价体系的导向作用体现在其能够引导学校或教师构建全面的教学理念，并确保其与国家教育发展的方向保持一致。学校教育必须坚守正确的教育观念，贯彻国家教育方针，依据国家对学生在德、智、体、美、劳 5 个维度的要求来设定教学与评价的内容，确保教学目标的正确性，使学校教育顺应教育发展的潮流。

若学校办学方向模糊或出现偏离，其后果将难以预料，损失亦难以弥补。由此产生的影响不仅限于一代人，甚至可能波及数代人。

作为落实国家教育方针的基本单元，学校应具备明确且正确的办学理念，运用教育学原理，确立科学的教育理念。教学活动不仅是向学生传授基础知识和技能训练，更关键的是要发掘他们的潜能，培养他们的社会责任感，增强他们的同情心，并通过恰当的引导，助力他们成长为具有独立人格的个体。

（二）预测功能

评价的预测功能是指根据评价对象的现状，预测评价对象的发展趋势及其可能性的发展方向。预测功能能够保证评价效果的最优化以及评价价值的最理想化。对评价对象可能发展方向进行一系列的预测、调查、观察，以获得尽可能多的真实数据和事实。在此基础上，筛选可供评价的因素并对其进行科学分析、逻辑推导。评价前的预测必须对学生未来的发展方向进行预测，对学生的发展提供有价值的指导和意见。预测性评价中必须考虑评价使用的方法，如采用诊断性评价、综合性评价等。

现阶段的教学评价大多是对评价对象现状的定量描述，缺乏对评价对象未来发展趋势的预测，而即使对现状的描述也大多停留在表面现象上。

总体而言，评价预测要达到最大效应，就必须充分掌握评价对象的各方面信息，并对这些信息进行认真的整合和加工，进行深入分析，从而对未来评价对象的发展趋势作出科学指导。

（三）激励功能

教学评价的激励功能是指评价本身能够对评价对象起到激发情感、鼓舞斗志、振奋精神的作用。通过教学评价，学生能够获得关于学习的各种反馈信息，并在此基础上加以分析和研究，从而发现学习中存在的问题，然后针对这些问题采取相应的措施，调节学习活动，最终改进学习方法，提高学习效率。教学评价能够诊断学生学习中的各种问题，能够促进教师的教、学生的学，并最终提高教学质量。

总体而言，教学评价的激励功能表现在以下几个方面。

1. 对教师的激励

教学评价对教师的激励作用体现在其为教师提供进行教学改革决策所需的关键信息。这些信息有助于揭示学生在学习过程中遇到的个别及普遍问题，以及这些问题的性质、严重程度和成因。通过教师的自我评价、学生的自我学习评价、教师对学生的评价、学生对教师的评价，以及相关人员对教师和学生的评价，可以全面且准确地反映学生学习中存在的问题及其普遍性、严重程度和原因。这使教师能够有针对性地调整教学内容和进度。在高中英语课堂教学中，教师可以利用各种形式的教与学评估量表来掌握学生的学习进展，并通过统计和综合分析了解每个学生在学习群体中的相对位置，掌握每个学生在不同学习阶段的达标情况以及在各项学习内容中的能力表现，发现并分析问题产生的原因，从而进行有针对性的个别指导，实施因材施教。此外，教学评价还能帮助教师识别教学过程中的问题，掌握问题产生的原因，进而改进不足，提高教学质量。

2. 对学生的激励

教学评价对学生的激励作用体现在其能够及时提供学习反馈，为提升学习能力奠定坚实基础。通过“教学或学习评定量表”的调查与分析，高中英语课堂教学评价不仅为教师提供了详尽的教学与学习信息，也使学生能够回顾并清晰地认识到自己在学习过程中的表现，辨识出自身学习状况与教学目标之间的差异，并探究造成这些差异的原因，从而对学习活动进行相应的改进。

3. 对教学管理的激励

教学评价对教学管理激励的作用体现在其能够促进教学质量的有效管理，提高教学管理人员工作的针对性和效率。英语教学应当注重质量管理，以切实提高教学效率。教学评价作为衡量学校教学目标实现与教学质量水平的标尺，能够揭示教学管理中的不足，监督教师对教学大纲的把握与执行，了解教师的教学能力、教学态度、教学改革与创新的状况等。教学评价为教学管理者提供了提高高中英语教学管理水平的指导，为控制教学质量、实施教学改革提供了依据。

二、高中英语课堂教学评价的原则

课堂教学评价的原则是保证高中英语教学评价有效、真实、可信的重要保证。英语课堂教学评价的主要原则如下。

（一）科学性原则

科学性原则要求使用先进的评价方法和评价工具，以科学的态度制订方案、建立标准，并收集、处理和分析有关信息，最终作出判断。例如，对学生英语学习的评价内容不仅包括语言知识、语言技能和实际交际能力，还应当包括学生在学习过程中所表现出来的情感、态度、价值观和发展潜能等。评价的方式有测试性评价和非测试性评价之分。教师应注意将两者有机地结合起来，即使在测试性评价中也应注意考查学生实际运用语言的能力，不应只注重语言知识和语言形式。这就意味着测试中考查学生听、说、读、写技能的项目所占比例要合理，不可偏废。

科学性原则还要求评价时考虑评价方法的可实施性，若评价的程序、方法和标准十分复杂，就会降低评价的可实施性，使评价工作难以开展或达不到预期效果。例如，在课堂教学过程中插入过多的评价环节、学习档案内容要求太多等，都无法实现好的评价效果。

（二）主体性原则

英语教学评价的主体性体现在学生和教师两个方面。

1. 学生的主体性

学生的主体性是指学生为课堂活动的主体，英语教学的一切活动都应该围绕学生来开展，并以促进学生发展为目标。因此，高中英语课堂教学评价应以学生的综合语言运用能力发展为出发点，要有助于学生正确地认识自己、反思自己，有助于帮助学生树立信心，调控自己的学习过程，促进综合语言能力的发展和提高。

2. 教师的主体性

教师的主体性是指英语课堂教学中教师不仅是课程标准、教材的提供者，还是课堂教学评价的引导者。教师在课堂评价中的主体性主要体现在以下两个方面：第一，教师要参与制定课堂评价指标体系。每位教师都必须清楚课堂教学评价的目标要求，掌握评价的基本操作技能。第二，教师必须掌握课堂评价的技巧，把评价纳入正常的课堂教学之中，增强反思性教学研究。事实上，教师的主体性最终还是为学生的主体性服务的。可以说，在各类评价活动中，学生都应该是积极的参与者与合作者。教师掌握课堂教学评价的方法、技能是为了更好地帮助学生认识学习现状、学习潜能以及自我评价对自身学习能力发展的意义，促使学生在学习中积极有效地进行自我评价，提高自主学习的能力。

（三）导向性原则

导向性原则体现了教学评价对教学活动的导向作用。教学评价可以使教师通过评价标准明确自己的努力方向，还可以对教师的教学工作进行指向、引导和启发。

例如，在英语教学过程中，教师的关注重点是教学设计、教学方法等，常常会忽视很多细节，如教师的语言、行为、仪容仪表、教学准备以及自身风格特点等。然而，课堂教学中的任何一个细节都可能影响课堂教学的质量，因此对教师教学行为细节的评价是教学评价中不可缺少的部分。例如，在课堂上，教师面带微笑的表情、有亲和力的语言，可以使学生有安全感，心情放松，师生关系和谐融洽，有利于接收新的信息。

除了教师教学的行为细节，学习环境也是影响学生学习效果的一个重要因素。一个干净整洁、布置温馨的学习环境和一个脏乱差的环境给学生的感觉、心情是不一样的，前者更有利于学生进入学习状态。为使教师重视学习环境对学生潜移默化的作用，对学习环境的评价也应被纳入课堂教学评价中去，这有助于引导教师为学生创造良好、和谐的学习环境。

综上所述，教学评价应根据教学需求发挥积极、良好的引导作用，将教师逐步引入一个更为理想的教学状态中，引导学生形成良好的学习习惯，提高教与学的效率，从而收到更好的学习效果。

（四）发展性原则

发展性原则要求英语教学评价应侧重不断提高教师的教学水平以及学生学习能力的可持续发展，激励教师转变观念，改革教学评价。

教学评价是一个反馈调节、展示激励、反思总结、积极导向，最终促进学生发展和改进课堂教学实践的过程，因此教学评价的设计和实施也必须遵守发展性原则，用发展的眼光客观地评价学生和教学的过程，强调评价内容多元化、评价过程动态化以及评价主体间的互动等，这是教学评价效果最大化的保证。发展性原则具有以下方面的特征：第一，强调激发学生的内在情感和意志，强调以人为本以及个体的和谐发展。第二，强调评价主体多元化，主张让更多的人参与教学评价，尤其评价对象的参与对提高教学评价的有效性、促进学习者的可持续发展具有重要意义。第三，重视评价对象的自我反馈、自我认识、自我调控、自我完善。第四，重视教学过程中的动态变化因素以及由师生之间的交互作用而产生课堂教学的偶发性和动态性。第五，强调评价标准多元化。不同的教学目标、教学阶段、教学对象都有很大的差别，相应的评价标准也应具有差别性，应该是多元的、开放的，而不是单一的、封闭的。如信息的收集应当是多样、全面而丰富的，对评价对象的判断应关注其个体各方面的差异等。第六，强调用质性评价去统整定量评价。发展原则下的高中英语课堂教学评价不仅重视指标量化，还关注质性评价的作用。这是因为，过于强调细化和量化指标往往容易忽视情感、态度等一些无法量化却又对评价对象的发展有较大影响的因素的作用。

（五）全面性原则

全面性原则要求在进行教学评价时，必须综合考量教学与学习活动中的所有相关因素，避免仅侧重于某一方面而忽略其他要素。这是因为教学评价的效果是众多因素共同作用的结果，若过度强调单一因素，将导致评价结果的客观性受损。具体而言，英语教学评价应依据课程的教学目标，以提升学生的综合语言运用能力为根本，对学生在语言知识、语言技能、学习策略、情感态度、文化意识等多个维度进行全面、综合和深入的评估。

（六）效率原则

效率原则要求教学评价必须能够充分、快速发挥对教学实践的指导功能。因此，效率是衡量教学评价优劣的一个重要指标。教学评价是否能够有效展开往往受到学生的配合程度、评价方式是否合适等因素影响。为保证教学评价的效率，必须注意以下几个方面：第一，让学生了解评价的整个过程。学生只有了解了评价的过程，才能更加深刻地理解评价的作用和意义。对此，教师应让学生理解所采用评价方法的作用和操作方式。另外，“反馈链”也需要引起教师的注意，尤其是链条中每一环节结束时，所采用的处理方式一定要在每个环节结束后使学生了解教学评价的价值，最后要让学生看到、感受到教学评价带来的好处，这样才能保证学生的积极配合。第二，监控评价中所采用的方法。监控能够及时发现和处理评价中存在的问题，如调整方法的选择和具体操作等，从而保证教学评价的有效开展，充分发挥教学评价的作用。第三，以学生自评为主。学生自评应重点关注自身学习目标的完成情况，并从中发现自身存在的问题。自评有利于培养学生学习的自我监控能力，学会如何学习，推动他们成为自主学习者。

（七）差异性原则

差异性原则要求英语教学评价应充分考虑不同学生及其需求的差异，选用差异性的评价方式进行评价。遵守差异性原则需要做到以下两个方面。

1. 采用多样的评价方式

由于学生的学习需求不同，教师应在平时的形成性评价中允许学生根据自己的学习风格、特长，选择适合自己的评价方式。对于学习能力较差的学生，若其对自己某次测验的成绩不满意，教师可先不记录此次成绩，并允许学生经过一番更充分的准备之后再次参加考试，取得一个好成绩。

2. 采用适当的评价方式

不同年龄段的学生在生理和心理上有着不同的特点，教学评价应根据不同年龄学生的特点选用适当的评价方式。如低年级应以形成性评价为主，以学生平时参加各种活动的表现以及合作能力为主要评价依据，并在此基础上进行终结性评价。高年级应把形成性评价和终结性评价结合起来，在形成性评价的基础上，终结性评价要更加注重对学生用英语获取信息、处理信息、分析问题、解决问题以及英语思维和表达能力的评价。如考试应注意口试、笔试相结合。

（八）真实性原则

真实性原则要求对学生学习结果进行评价时应强调真实的生活情景。真实性评价离不开真实的任务。真实的任务是指在相关领域中可能会遇到的真实的活动、表现或挑战。美国学者戈兰特·威金斯指出真实性评价具有以下几个特点：

第一，在进行真实性评价之前首先需要制定用来评价的“量规”。所谓“量规”是指一种界定清晰的、用来对学生的表现或作品进行评分或等级评定的评价工具。

第二，真实性的课堂教学评价强调在贴近现实生活的情境中，为学生呈现开放的、复杂的、不确定的问题情境以及需要整合知识、技能才能完成的任务。真实性的课堂教学评价不仅考查学生对知识信息的积累与占有程度，还会考查学生在真实情景下运用知识、技能的能力。

第三，评价包括对学生学习过程和学习结果的评价两个方面。评价凸显其诊断与服务功能，如为学生的学习提供反馈和指导，而不仅仅是为了选拔与区分。

第四，评价与日常教学相结合，成为教与学的重要组成部分。在真实性评价中，评价是由教师和学生共同参与的活动。学生不再是单纯的被评价者，而是评价活动的积极参与者。学生参与评价为其有效学习提供了良好的开端。

（九）过程性原则

第一，课堂教学评价既可以发生在教学结束之后，也可以发生在教学实践中。无论发生在何时，课堂教学评价都是针对整个课堂教学过程的评价，而非针对某个特定阶段、时间。即课堂教学评价关注的是课堂教学活动的历程以及结果。在这个过程中，评价者要结合课堂教学的目标来评价课堂教学效率。

第二，课堂教学评价不仅关注教学评价的结果，还要关注教学过程中师生双方的行为表现。评价不是一次性的行为，而是连续性行为，贯穿教学的始终，并体现个体发展的连续性。具体而言，过程性原则要求评价要同时体现教师教学经验和学生学习经验的发展过程。

第三节　高中英语课堂教学评价方法与反思

一、高中英语课堂教学评价的方法

（一）课堂教学评价方法的分类

在高中英语课堂教学评价领域，存在多种分类方法，主要可归纳为以下三类：其一，学生评价方法与教学授课质量评价方法；其二，实证性评价方法与人文性评价方法；其三，教师授课质量评价方法、学生学业成绩评价方法以及课程材料的评价方法。在这些分类中，第三类涵盖了两种关键的教学评价活动，即教师评价与学生评价，并且结合评价标准的评价，能够全面覆盖教学评价的各个方面。本书以第三类分类为基础框架，引入了新的评价理念、取向以及功能影响下产生的常见评价方法，旨在全面介绍针对高中英语课堂教学中教材、学生、教师的评价方法。

1. 教师授课质量评价的方法

教师授课质量评价首先要根据教育目标要求制定出科学、合理的评价指标体系，然后系统收集教师授课活动的有关信息，并据此分析和判断教学质量，最终为改进教学工作、提高教学质量提供依据，指明方向。评价教师授课质量的具体方法有很多，最常用的是以下三种。

（1）调查法

调查法不仅可以评价学生的学业，还可以评价教师的授课质量。问卷和访谈是调查法最常用的实施方法。通过调查法可了解特定教师在一段时间内的教学情况。调查法多用于专门鉴定教师的综合教学水平的管理性评价。

（2）综合量表评价法

综合量表评价法十分注重教学活动的具体分解、信息化处理和标准的统一，因而是一种比较精细的数量化的评价方法。它具有标准具体化、结果准确率高、评价人员主观干扰较少的特点。

（3）分析法

分析法是通过对教学工作进行定性分析来评定教师授课质量的，一般没有专门的评价标准，而是依靠测评人员的学识和经验进行评价。分析法可以分为他评和自评两种方式，其评价结果以定性描述为主。

分析法的优点是能够突出主题或主要特征，且简便易行。缺点是主观性较强，规范性差。因此，分析法适用于以改进教学工作为目的的日常教师授课评价，不适合规范的管理型的教师授课质量评价。

2. 学生学业评价的方法

对学生学业的评价是教学评价中最基本、最核心的部分。要想保证评价的全面性和准确性，教师首先应确立明确的评价标准。确定学生学业评价的标准时要注意三个问题：评价标准与评价目的的关系、评价标准的广度与深度以及评价的具体明确性。然后灵活运用各种方法，保证评价的准确、全面、客观、公正。

评价学生学业的具体方法很多，要想选择合适的评价方法，合理地组织评价活动，教师必须了解各种评价和评价对象的特点，然后有针对性地选择和使用。学生学业成绩评价的具体方法通常有以下四种。

（1）学科成就测验

学科成就测验即考试，是最常用的评价学生学业的方法。考试的适用面较广，通常用于判断学生知识、技能的掌握情况及其他方面的发展状况。由于答案较为固定，因此评价的结果也相对较为公正，因而在现实中使用较广。考试主要可以分为以下两种：第一，标准化考试。标准化考试通常是由专门的机构或组织设计、组织和实施的，具有科学性较强、质量较高、控制较严、费用较大的特点，主要适用于大规模的教学评价。第二，教师自编测验。教师自编测验是由教师组织、设计和实施的。其优点在于符合学生实际、比较灵活，缺点是测验质量受教师水平的制约。

尽管考试的结果比较客观、公正，但任何考试都不能完全真实地反映学生学业成就的整体面貌。因此，教师要用辩证的眼光来看待学科成就测验，既不能全盘否定，也不能将其视为黄金法则，当成衡量学生学业的唯一方法。

（2）专门调查

专门调查是指在不实行控制的条件下，运用科学的方法，有组织、有计划地收集与分析有关学生的学习情况的信息。专门调查的实施方式有很多，最常用的是以下两种：

第一，问卷法。问卷法是指评价者向学生提出一系列的问题或情境要求学生回答有关问题来获得所需信息的评价方法。问卷法通常用于评价学生的兴趣、态度等。为确保问卷调查结果的真实性，问卷的设计、发放、回收及分析都必须科学、简洁。

第二，访谈法。访谈法是指评价者通过与学生进行面对面的交谈来获取所需信息的评价方法。访谈时，评价者可以提出结构性问题和非结构性问题。结构性问题是评价者事先确定好的一批问题，无论哪位同学回答的都是同样的问题。非结构性问题则是围绕中心目的的提问，随着访问的发展状况，确定特别的问题。

（3）日常考查

日常考查是一种经常性的检查，它通常伴随日常教学而进行，其目的在于了解学生的英语学习情况。日常考查的方法多样，考查面较广，因而往往能够从多个方面获取学生的动态信息，为师生提供及时反馈。其操作的具体形式主要有口头提问、作业批改、小测验等。

（4）心理测量

心理测量也是学生学业评价的重要方面。而心理量表则是用于测量学生心理发展状况的一种有效的评价工具。一般而言，专门的心理量表具有稳定的评价标准、固定的施测程序和系统的资料分析方法，因此具有较强的科学性。但评价者仍需谨慎客观地看待专门心理测量工具的作用和测量结果。

3. 课程材料的评价方法

评价课程材料通常需要涉及的方面有课程原理、课程计划、课程标准、教学辅导材料、教师指南、教学计划、教案等。合理性和可行性是评价教材的重要标准。由于关于课程材料评价的标准是大量的，因此课程材料的评价标准必须量化。在实际操作中，教师应根据评价对象的特点、目的、材料形式及适用领域，加以选择和重组，并确立每个指标的加权方法，兼顾量与质两个方面。评价课程材料的常用方法有以下几个方面：第一，专家判断法。专家具有权威性、中立性及说服力，利用专家的知识和专长对课程材料提出意见、进行判断是评价课程教材的一个重要方法。收集专家的分析判断意见可采用的方法有调查、送审、会议、内容分析等。第二，观察法。观察法的目的在于了解教学运作和实施的过程，确定课程实施的难度以及目标的完成度，了解课程产生的非预期结果，确定资料收集的效度。观察法可通过事件记录、查核、系统观察和非结构性观察等方式实现。第三，调查法。调查法是指通过多种调查方式收集信息、分析信息，然后对课程教材的合理性和可行性作出判断。调查法通常可采取问卷调查、访谈和座谈等方式进行。第四，实验法。实验法是将课程方案当作实验来操作，同时处理产生的结果。这一过程有助于评价者充分了解课程材料的优缺点。

（二）常见的课堂教学评价方法

评价取向、评价功能的不断变化导致越来越多新型的评价方法涌现出来，如档案袋评价、研讨式评价、学生表现展示评价、座谈评价、缝补性评价，以及基于计算机支持的电子化评价、同伴评价等。

1. 档案袋评价

（1）学生档案简述

档案是组织或个人在以往的社会实践中形成的清晰的、确定的具有完整记录作用的固化信息。随着一个人的成长，档案的内容也会不断变化。它是保存个人成果、见证个人成长的重要工具。

档案在教学领域，尤其是教学评价领域，同样发挥着重要的作用。学生的学习档案在教学上的应用便是进行评价的工具，是一个可以记录学生成长、课堂变化、兼顾多种评价需要的工具。不确定性是学生档案袋的一个最大的特点，这是因为档案袋中的材料是随着学生学习的前进而不断变化的。这些材料不是简单的一纸结果，而是见证了学生进步、退步、成长的凭证，代表了学生学习的过程。

（2）学生学习档案材料的收集

一旦教师决定采用学生档案作为评价方式，便应在学期伊始制订详尽的计划，明确关键事项，如学生档案的终极目标、所需收集的材料种类以及负责收集的人员等。

只有在这些问题得到明确后，材料的收集工作才能顺利推进。由于收集资料是一个长期的过程，教师需持续收集学生学习过程中的典型记录。因此，教师必须引导学生养成正确且良好的材料收集习惯，以确保收集的材料质量上乘。

在学生档案材料的收集过程中，材料的收集本身并非难题，其难点在于选择哪些资料。对此，学生应首先学会如何整理和挑选恰当的资料纳入学生学习档案。例如，学生可以参照教师提供的优秀作业标准和样本进行讨论，然后通过口头交流的方式讨论各自的作业，这有助于学生从评价中学习并认识到自己的优势与不足。此时，教师可将学生的讨论内容进行归纳总结，并记录于档案之中。当学生掌握了口头讨论的基本模式，并能运用既定标准自我评定作业后，便可以转向书面反思。通过书面反思，教师能够洞察学生对自己作业的看法和态度，并及时纠正其不当观念，引导学生形成正确的认识。

（3）学生档案的检查与评价

完成学生学习档案的制作以后，接下来就要检查学生所选项目是否符合档案要求，并对其进行评价。评价学生学习档案时应注意考查以下方面：第一，档案是否整洁易读。第二，档案中的材料是否组织得好。第三，档案中是否有具体范例。第四，档案内容是否能够清晰、全面地反映学生一个阶段的学习成果。第五，档案是否能够体现不同课程之间的联系。

2. 研讨式评价

所谓研讨式评价，是指将学生在课堂活动中的参与表现纳入其学业表现的评价体系中。该评价方式体现了课程、教学与评价整合的质性教学评价方法的新发展。研讨式评价的核心目的在于培养学生的有效思考能力，并能够为自己的观点提供充分的证据支持。

问题研讨的实施可采取多种形式，既可以作为学生学业成就的展示平台，也可作为课堂评价的一个组成部分，甚至可以作为结业作业的展示机会。无论采取何种形式，均需精心设计问题并制定一套相应的评价标准。

3. 学生表现展示评价

在学生表现展示评价中，学生需要通过演示来展现某些结果，以此说明这些结果的价值，同时证明学生对此结果的理解和掌握程度。学生表现展示评价中详细的评分规则有助于学生成为自我评价者，并有助于师生之间就学业成就和进步情况开展对话。需要指出的是，这种评价方式是以关注结果开始的，因此学生在一开始就要明确自己的任务。

4. 座谈评价

所谓座谈评价，即教师通过与学生进行对话交流，对学生的学习状况进行评估。鉴于在座谈评价过程中师生互动更为直接，这有助于教师对学生的个人成就和需求作出准确且积极的评价。此外，教师亦能从对话中洞察学生对其进步和学习状况的自我感知与态度，及时发现并纠正学生的不当思想观念，协助学生寻找到适合自己的学习策略，并引导他们养成良好的学习习惯。

通常情况下，简短的座谈可以在课堂中随时展开，而更为深入和正式的座谈则可安排在特定时间及地点进行。至于座谈所涉及的问题，教师应根据学生的个别需求以及教学目标来确定。

5. 缝补性评价

缝补性文本起源于“反思笔记”，是指利用缝补性文本对某个人物进行评价。缝补性评价能够产生和分享学生在完成某一任务过程中的信息。这些信息是产生最后结果的基础。缝补性评价的操作包括五步：布置任务，明确要求，提出注意事项，开始进行，过程中实时评价与反馈。

6. 电子化评价

电子化评价是随着计算机和互联网技术的进步而兴起的一种现代化评价方式。

鉴于计算机具备运算速度快、自动化程度高、信息处理能力强等优势，将教学评价与计算机网络相结合展现出显著优势：显著简化了评价流程，提高了评价的效率和有效性；促进了过程评价理念的实施，解决了过程评价过程中遇到的诸多问题。

计算机网络的广泛普及极大地推动了电子化教学评价的发展与完善。在一些经济较为发达的地区，计算机网络已经成为课堂教学不可或缺的工具，这为电子化评价的实施提供了坚实的基础。

7. 同伴评价

同伴评价主要通过学生之间的沟通与合作来实现评价。因此，沟通技能和合作技能是影响评价结果的两个重要因素。然而，由于不同学生的沟通能力、合作态度有所不同，且同学间彼此信任、真诚的互相评价也需要长时间的培养，不是一次就能实现的，因此在初次使用同伴互评的时候，教师应注意采取一定的策略来帮助学生执行评价活动。

同伴评价可通过简单的活动来落实。例如，教师可将全班学生分成若干小组，每个小组完成一个任务。在这期间，教师应鼓励组中每个成员都积极思考，共同合作完成任务。活动结束后，要求每位小组成员都对自己和他人的贡献作出评价。

同伴评价必须遵循一定的规则，不能盲目进行。如学生在谈论自己的观点或发表评论时要有理有据，不能依个人主观偏好评论。例如，教师可以让几个学生评价一个学生，每一个评价者都要根据被评价者的课堂表现写评语，评语重点放在被评价者的优点及改进的建议上。然后，被评价者根据同学和老师的评语反思自己的表现并撰写总结，确定改进的目标。

二、高中英语课堂教学评价的反思

评价教和学的效果应采用多种方式，不能将考试当作唯一的评价“法宝”，毕竟教学的重点在于内容、应用和方法，而不是分数。我国有关教育机关、学校以及教师对检测教学的手段和方式进行了种种改革，但考试分数仍然是衡量学生学习情况的重要标准，也仍然是决定升学、影响未来职业和命运的最重要的因素。要想改变这一现状，我们必须重新审视教育理念，设计多种多样的评价方式，打破考试评价的垄断地位。

高中英语教学不仅要关注学生当前在校的学习，更要关注学生的自主学习，为他们的终身持续发展打下良好的基础。因此，仅凭考试这种终结性评价来决定学生的命运是不公平的，这也将妨碍学生未来的持续发展。对此，我们应该贯彻落实素质教育，更新教育评价的理念。教学评价应由学校、家庭、社会共同参与完成，重视知识和能力，重视校内和校外、教师和学生、学生和学生的评价，让品格修养、生活和学习态度、社交情感、独立意识等行为表现都成为评价的考查部分，从而全面评价和引导学生的学习情况和个人发展。这不仅需要理论上的进一步探索，更需要教师对教学评价有正确、全面的新认识，从而将科学、合理的新评价模式运用于教学实践中，从只关注学生的“分数”的陈旧、静态的评价模式转向新的、动态的评价环境中去，真正做到“以学生为本”，使学生成为积极的学习者和思考者，这才是评价的最终目的之所在。

在推进教育理念更新和评价体系变革的过程中，教师肩负着至关重要的职责。他们持续地对学生、自身、教材、教学方法乃至教育体制进行评价。教师需通过细致地观察和分析学生行为，以作出有益于教学和学生发展的决策。对学生英语学习成效的评估应基于多元化的信息，而单一的课堂口头问答或书面考试难以全面揭示学生的学习成果。学生对学校或自身的看法、学习英语的动机、课堂表现、学习习惯、方法和策略等因素，同样对他们的学习成效产生深远影响。在教学内容与各项技能及生活知识紧密相关时，教师应依据学生实际展现的技能水平和成果进行评价，即通过观察学生实际行为和评估其作品来实施评价。这种评价方法被称为行为表现评价，亦称作“真实评价”或“新评价”。

行为表现评价注重开发学生独立思考的能力和创造力，这需要通过长期的学习和实际运用才能够实现。行为表现评价是自然学习环境的一部分，因而应该在学生参与学习情景或在日常活动过程中自然地、轻松地、无意识地进行。例如，教师可以通过观察学生的某项学习活动来发现学生对该项目的理解和学习愿望，或通过评判学生的某件作品来判断学生的技能。通过观察学生的英语学习和进步情况来评判学生的课堂行为表现，教师能及时了解学生的学习需求、当前能力以及教学策略的有效性。

第四节 高中英语课堂教学评价的重要维度

一、高中英语课堂教学评价的框架结构

高中英语课堂教学评价是教育质量监控体系的重要组成部分，对于提高教学质量、推动教学改革、促进教师专业成长具有不可替代的作用。在高中英语教学中，构建一套科学、合理、可操作的课堂教学评价框架结构，对于准确把握教学现状、发现教学中存在的问题、指导教学实践具有重要意义。

（一）观察维度：课堂观察设计的基石

观察维度是课堂观察设计的核心，它反映了研究的目的和关注点，是确保评价全面性和针对性的基础。在高中英语课堂教学评价中，有效性维度通常包括教学目标、课堂活动、学生学习三个方面，这三个维度在整体评价中的权重可分别设定为30%、30%和40%，这样的权重分配既体现了以学生为中心的教学理念，又兼顾了教学目标的达成和教学活动的有效性[①]。

1. 教学目标维度

教学目标是教学活动的出发点和归宿，它决定了教学的内容、方法和评价标准。在高中英语课堂教学中，教学目标应涵盖语言知识、语言技能、学习策略、文化意识和情感态度等多个方面。评价时需关注教学目标是否明确、具体、可衡量，是否与课程标准和学生实际相符合，以及教学目标在教学过程中的实现程度。

2. 课堂活动维度

课堂活动是实现教学目标的重要途径，它直接影响着学生的学习兴趣、参与度和学习效果。评价课堂活动时，需关注活动的组织形式、内容设计、互动方式、时间分配等方面。有效的课堂活动应能够激发学生的学习兴趣，

① 邢文骏．教学目标课堂活动学生学习：高中英语课堂教学评价要关注的三个维度[J]．教学月刊·中学版（教学参考），2015（12）：48.

促进学生的主动参与和合作学习，同时注重培养学生的思维能力和创新能力。

3. 学生学习维度

学生学习是教学活动的中心，评价学生学习维度时，需关注学生的学习态度、学习方法、学习效果和学习体验。具体而言，可观察学生在课堂上的参与度、专注度、思维活跃度、合作能力、自主学习能力以及语言运用能力等方面的表现。同时，还应关注学生的学习体验，包括学生对教学活动的满意度、对学习内容的兴趣度以及在学习过程中遇到的困难和挑战等。

（二）观察指标：观察维度的具体化

在确定了观察维度后，需要进一步找出每个维度下的核心可观察属性，并将其确立为观察指标。观察指标是评价框架结构中的关键要素，它直接决定了评价的具体内容和标准。

1. 教学目标观察指标

教学目标观察指标可包括目标明确性、目标具体性、目标可衡量性、目标与课程标准的一致性以及目标达成度等。通过这些指标，可以全面评估教学目标的设定和实现情况。

2. 课堂活动观察指标

课堂活动观察指标可涵盖活动组织形式、活动内容设计、活动互动性、活动时间分配、活动创新性等方面。例如，可观察教师是否采用了多样化的教学组织形式（如小组讨论、角色扮演、项目式学习等），活动内容是否贴近学生实际、具有趣味性和挑战性，活动过程中师生之间、生生之间的互动是否充分有效，活动时间分配是否合理，以及活动是否能够激发学生的创新思维和实践能力等。

3. 学生学习观察指标

学生学习观察指标应围绕学习态度、学习方法、学习效果和学习体验四个方面展开。具体而言，可包括学生的参与度（如发言次数、提问质量等）、专注度（如注意力集中时间、是否走神等）、思维活跃度（如回答问题的深度、提出新观点的能力等）、合作能力（如小组讨论中的贡献度、与同伴的协作情况等）、自主学习能力（如预习情况、课后复习习惯等）以及语言运用能力（如口语表达、书面表达等）。

（三）观察点：观察指标的细化与可操作性

观察点是观察指标的进一步分解，是评价框架结构中最具体、最可操作的部分。选择观察点时，应确保其明确、可观察、可测量，以便于评价者进行准确地记录和分析。

1. 教学目标观察点

针对教学目标观察指标，可设定具体的观察点，如“教学目标是否在教案中明确列出？”“教学目标是否具体到可衡量的程度？”“教学目标是否与课程标准相符合？”等。通过这些观察点，可以直观地评估教学目标的设定情况。

2. 课堂活动观察点

课堂活动观察点应紧密围绕观察指标展开，如“教师是否采用了小组讨论的形式组织教学？”“小组讨论的话题是否贴近学生实际、具有趣味性？”“小组讨论过程中，学生之间的互动是否充分有效？”“教师是否给予了及时的指导和反馈？”等。这些观察点有助于评价者深入了解课堂活动的组织情况和实施效果。

3. 学生学习观察点

学生学习观察点应关注学生在课堂上的具体表现，如“学生是否积极参与课堂讨论？”“学生在回答问题时是否能够准确运用所学知识？”“学生在小组讨论中是否能够提出有价值的观点？”“学生对学习内容是否表现出浓厚的兴趣？”等。通过这些观察点，可以全面评估学生的学习态度、学习方法和学习效果。

二、高中英语课堂教学评价的具体内容

（一）教学目标维度

教学目标是教学活动的出发点和归宿，它不仅为教学活动指明了方向，还对教学的各个方面具有重要的指导作用。在高中英语课堂教学中，教学目标的设计与实施直接关系教学质量的高低以及学生英语综合运用能力的培养。因此，对教学目标进行科学、全面的评价显得尤为重要。

1. 目标定位

目标定位是教学目标设计的首要环节，它决定了教学活动的方向与重点。在高中英语课堂教学中，目标定位应以《普通高中英语课程标准》（以下简称《课标》）为依据，致力于培养学生的综合语言运用能力。具体而言，应构建达成度指标体系，明确各项教学目标的预期效果，并制定相应的执行目标，确保教学活动能够有序、有效地开展。

2. 课程理念

课程理念是教学目标设计的灵魂，它决定了教学活动的价值取向与实施策略。在高中英语课堂教学中，课程理念应符合时代特征和《课标》要求，充分重视学生已有的经验和认知起点，体现学生多方面的发展需求。具体而言，课程理念应适应高中学生认知思维的发展特点，设计较高层次的提问和训练，以提高学生的抽象思维和认知加工能力。同时，课程理念还应注重引发学生的主动建构知识，通过引导学生积极参与、主动探究，促进其英语综合运用能力的提升。这样的课程理念不仅符合时代发展的需求，也体现了《课标》对高中英语教学的要求与期望。

3. 学习目标

学习目标是教学目标设计的具体体现，它直接关系到学生的学习效果与教师的教学质量。在高中英语课堂教学中，学习目标应具备基本要素：行为主体（学生）、行为表现（可观察、可测量的具体行为）、行为条件（特定限制或范围等）以及表现程度（达成目标的最低表现水准）。明确具体的学习目标能够为学生提供清晰的学习方向与动力，同时为教师的教学活动提供明确的指导。可观察、可测量的行为表现使学习目标具有可操作性，便于教师与学生共同评估学习效果。特定限制或范围等行为条件则确保了学习目标的针对性与有效性。而达成目标的最低表现水准则为学生的学习提供了明确的衡量标准，有助于其不断调整学习策略，提高学习效率。

4. 目标管理

目标管理是教学目标实施的重要保障，它确保了教学目标的顺利实现与教学质量的稳步提高。在高中英语课堂教学中，目标管理应遵循 SMART 原则，即明确会什么、掌握什么（Specific）；可评价考量（Measurable）；学生可完成（Attainable）；相关（Relevant）；规定时间内完成（Time-bound）。

遵循SMART原则的目标管理能够使评价标准更加明确、可测量，教学过程更加可实现，结果更加可达到。同时，行为有时间规定也确保了教学目标的时效性与紧迫性，促使教师与学生共同努力，按时完成教学目标。这样的目标管理不仅提高了教学效率，也培养了学生的时间观念与责任感。

5. 目标达成

目标达成是教学目标设计的最终目的，它体现了教学活动的成果与价值。在高中英语课堂教学中，目标达成要求教师关注学生的反馈，及时调整教学目标，关注动态生成，通过合理预设促进生成。关注学生的反馈是目标达成的重要环节。教师应通过课堂观察、作业批改、测试评估等方式，及时了解学生的学习情况与需求，为教学目标的调整提供依据。同时，教师还应关注教学过程中的动态生成，即学生在学习过程中产生的新的想法、问题与需求，通过合理预设促进这些生成，使其成为教学目标的有机组成部分。

调整教学目标是目标达成的关键步骤。教师应根据学生的反馈与动态生成，适时调整教学目标，使其更加符合学生的实际需求与认知水平。这样的调整不仅有助于提高教学效率，也有助于培养学生的自主学习能力与创新能力。

（二）课堂活动

在高中英语课堂的教学评价中，课堂活动是评估教学质量的关键载体。其核心在于关注学生的学习经历体验与全面发展，通过科学设计的教学环节、充分的学生参与、有效的媒体使用、高素质的教师表现以及显著的教学效果，共同构建出高效、优质的英语课堂。

1. 教学环节

教学环节的设计是课堂活动的基础框架，其科学性、合理性以及自然衔接过渡性直接关系课堂教学的整体质量。科学的教学环节设计应充分考虑学生的认知规律和学习特点，将知识点进行有机整合，形成逻辑清晰、层次分明的教学流程。在时间分配上，要确保每个环节都有足够的时间让学生进行思考、讨论和实践，避免出现时间紧张或浪费的情况。

在自然衔接过渡方面，教师应注重环节之间的内在联系，通过巧妙的过渡语言或活动，引导学生顺利从一个环节过渡到下一个环节，使整个教学过程流畅自然。例如，在讲解完一个语法点后，可以通过一个小游戏或练习题，让学生在轻松愉快的氛围中巩固所学知识，同时自然地引入下一个教学环节。这样的设计不仅有利于调动学生的学习兴趣，还能充分发挥课堂教学的整体功能，提高教学效率。

2. 学生参与

学生是学习的主体，其参与程度直接影响到课堂教学效果。学生参与包含行为参与、思维参与和情感参与三个层次，这几种参与方式需要全面投入并有机结合，才能有效促进学生的学习。

行为参与主要体现在学生的课堂表现上，如积极发言、认真听讲、按时完成作业等。这是学生参与课堂活动的最基本形式，也是教师观察和评估学生学习状态的重要依据。思维参与则要求学生在课堂上积极思考，对所学知识进行深入理解和分析，提出自己的见解和疑问。情感参与则强调学生对学习内容的兴趣和热情，以及在学习过程中所获得的情感体验。只有当学生在行为、思维和情感三个层面都积极参与时，才能真正实现有效学习。

为了促进学生的多层次参与，教师应采用多样化的教学方法和手段，如小组讨论、角色扮演、案例分析等，激发学生的学习兴趣和主动性。同时，教师还应关注学生的个体差异，为不同层次的学生提供适合的学习任务和挑战，让每个学生都能在参与中感受到成功的喜悦。

3. 媒体使用

媒体使用是现代课堂教学的重要组成部分，特别是在英语教学中，多媒体辅助教学能够为学生提供更加丰富、直观的学习资源，提高学生的学习兴趣和积极性。媒体使用应基于支持学生学习、促进学习、达成目标、提高兴趣的原则，避免过度依赖或滥用媒体资源。

在课件设计制作方面，教师应注重结构清晰、内容简洁，避免出现信息过载或冗余的情况。同时，课件的播放速度应适当，给学生留出足够的思考空间和时间。例如，在展示一段英语对话时，教师可以先播放一遍完整的对话，让学生初步了解对话内容；然后再逐句播放，引导学生进行模仿和跟读；最后再让学生进行角色扮演或小组讨论，巩固所学知识。这样的设计既能够充分发挥媒体资源的优势，又能够确保学生有足够的时间进行思考和实践。

4. 教师素质

教师素质是影响课堂教学质量的关键因素之一。对于英语教师而言，扎实的英语基本功是必不可少的，包括发音准确、语法规范、词汇丰富等。此外，教师还应具备综合知识能力，如教材驾驭能力、百科知识储备、反馈评价能力以及课堂把控能力等。

教材驾驭能力要求教师能够深入理解教材内容，把握教材的重点和难点，并根据学生的实际情况进行灵活调整。百科知识储备则能够帮助教师在课堂上旁征博引，拓宽学生的视野和知识面。反馈评价能力是教师了解学生学习情况、调整教学策略的重要手段。通过及时、准确的反馈评价，教师可以发现学生的问题和不足，并给予有针对性的指导和帮助。课堂把控能力则要求教师能够灵活应对课堂上的各种突发情况，确保教学过程的顺利进行。

除了以上基本素质，英语教师还应具备英语课程资源开发能力，如重组教材、因材施教等。通过开发适合学生需求的课程资源，教师可以更好地满足学生的学习需求，提高教学效率。

5. 教学效果

教学效果是评价课堂教学质量的重要指标之一。它体现在学生能否有效表达观点、达成教学目标以及获得愉快的情感体验等方面。

有效表达观点是衡量学生学习成果的重要标志之一。在课堂上，教师应鼓励学生积极发言、表达自己的见解和疑问，并通过讨论和交流来深化对知识的理解。达成教学目标则是课堂教学的根本任务。教师应根据课程标准和学生实际情况制定明确、具体的教学目标，并通过有效的教学手段和方法来确保目标的实现。

除了知识和技能方面的目标，教师还应关注学生的情感体验。一个成功的英语课堂应该让学生在学习的过程中感受到乐趣和成就感，从而激发他们对英语学习的兴趣和热情。为了实现这一目标，教师可以采用多样化的教学方法和手段，如游戏化教学、情境教学等，让学生在轻松愉快的氛围中学习英语。

（三）学生学习

学生学习评价的根本目标在于促进学生英语综合运用能力的提升，包括语言知识、语言技能、学习策略、文化意识及情感态度等多方面。这一过程中，学生不再是被动接受知识的容器，而是主动探索、积极构建知识体系的主体。因此，评价机制需紧密围绕“以学生为中心”的原则，通过“以学评教”倒逼教师优化教学设计，通过“评学”精准反馈学生学习成效，形成教学相长的良性循环。评价学生英语学习，需从课前准备到课堂参与，再到课后反思，构建起一个连续、动态的观察体系。具体评价指标涵盖六大维度：准备状态、倾听状态、情感状态、互动状态、自主学习状态及目标达成程度。这些维度相互关联，共同构成学生学习全貌的立体画像，为教师提供全面、客观的教学反馈。

1. 准备状态

课前准备是高效学习的起点，学具的充分准备（如课本、笔记本、词典等）及快速进入学习状态的能力，不仅反映了学生的学习习惯，也间接体现了教师对学生课前预习的指导力度。通过观察学生是否能在上课铃声响起前迅速就座、翻开课本、预习新课内容，教师可以评估学生预习习惯的养成情况，进而调整预习任务的布置策略，提高预习的有效性。

2. 倾听状态

倾听是语言学习的基础，有效的倾听不仅要求注意力高度集中，更需具备对讲授内容及同伴发言的敏锐捕捉与针对性反馈能力。教师可通过设计互动问答、小组讨论等环节，观察学生在倾听过程中的眼神交流、笔记记录、即时提问等行为，评估其倾听的深度与广度。同时，鼓励学生基于倾听内容进行批判性思考，提出独到见解，此是提升倾听质量的关键。

3. 情感状态

情感状态直接影响学习效果，学生对教学内容的兴趣程度及兴趣的持久性，是衡量教学质量的重要指标。教师应通过多样化的教学手段（如情景模拟、角色扮演、多媒体资源运用等），激发学生的学习兴趣，同时关注学生在学习过程中的情绪变化，及时调整教学策略，营造积极向上的学习氛围。情感状态的评价，不仅关注学生对教学内容的直接反应，更重视其在学习过程中获得的成就感与满足感。

4. 互动状态

互动是语言学习的催化剂，学生之间的互动及师生互动的频率与质量，直接关系到学生语言实践的机会与效果。教师需关注互动过程中学生的参与度、合作意识、沟通能力及批判性思维的发展。通过小组合作学习、同伴评价、教师反馈等方式，促进学生之间的思想碰撞与知识共享，同时教师也应积极参与学生的互动，成为学生学习的引导者与支持者。

5. 自主学习状态

自主学习能力是学生终身学习的基石，评价学生的自主学习状态，需关注其学习思考的认真程度、思维的开阔性及思路的清晰度。教师应鼓励学生制订个性化的学习计划，提供丰富的学习资源，引导学生学会自我监控与反思，培养其独立解决问题的能力。通过项目式学习、研究性学习等模式，让学生在实践中体验自主学习的乐趣与价值。

6. 目标达成程度

目标达成程度是评价学生学习成效的直接体现，包括课堂知识的及时掌握、学习目标的完成情况及创新实践能力的增强。教师需设计多样化的评估方式（如课堂小测、项目展示、创意写作等），全面评估学生对知识的理解与应用能力，同时关注学生在学习过程中展现出的创新思维与实践能力。目标达成程度的评价，不仅是对学生学习成果的量化分析，更是对教学方法有效性的反馈，为后续教学调整提供依据。

第五节　高中英语课堂教学评价的创新视角

一、高中英语课堂教学评价创新——自我评价法

“自我评价”这一概念源自以学生为中心的教育理念，其核心在于强调学生在学习过程中的主体地位与主观能动性。自我评价并非简单地对学生学业成绩进行打分，而是一种更为全面、深入的评价手段，为学生提供了关于学习成果、学习过程以及个人发展的反馈。这种反馈机制是自主学习不可或缺的重要组成部分，它使学生能够成为自己学习的主人，主动参与学习成果与成就的评价与判断。具体而言，自我评价要求学生定期回顾自身的学习策略、学习成果，并对学习进度进行客观检测。这一过程不仅涉及对知识掌握程度的评估，还包括对学习方法、学习态度以及时间管理等多方面的反思。基于信息反馈的结果，学生能够清晰地认识到自身在学习目标与当前实际情况之间的差距，进而有针对性地对下一阶段的学习计划进行调整。这种自我调整的能力，是自主学习得以持续、深入进行的关键。

自我评价在语言学习中显得尤为重要，在语言学习环境中，教师与学生扮演着不同的角色，共同承担着对语言学习任务进行评价的责任。与传统的教师主导评价模式不同，自我评价强调学生的自主性，学生可以根据自身实际情况，自主决定评价的时间、内容和方法。

在自我评价过程中，学生需要运用批判性思维，对自己的语言能力进行客观分析，包括听力、口语、阅读、写作等多个方面。通过对比自身在不同阶段的表现，学生能够发现自身的进步与不足，进而调整学习策略，提高学习效率。同时，自我评价还有助于培养学生的自主学习能力，使其能够在没有教师直接指导的情况下，依然能够保持学习的动力与方向。

在学生自我评价过程中，教师应侧重于培养学生独立学习的意识，并为其提供必要的帮助与支持。这种帮助不仅体现在学习方法上的指导，还包括心理层面的辅助。例如，教师可以通过组织小组讨论、分享学习经验等方式，帮助学生建立积极的学习态度，增强自信心，从而更加主动地参与自我评价过程。

自我评价法的优点众多，具体体现在以下方面：

第一，促进学生学习。自我评价为学生提供了持续的学习反馈，使其能够及时了解自身在学习过程中的表现与不足。这种反馈机制能够激发学生的学习动力，促使其更加努力地投入学习中去。通过不断地调整学习策略，学生能够逐步提高学习效率，取得更好的学习成绩。

第二，提升学生自我意识。自我评价要求学生对自己的学习过程进行深入反思，这有助于培养其自我意识与自我认知能力。在反思过程中，学生能够更加清晰地认识到自身的优点与不足，从而有针对性地进行改进。这种自我认知能力的提升，对于学生未来的学习与职业发展都具有重要意义。

第三，扩大评价范畴。传统的教师评价往往侧重于学生的学业成绩，而忽视了学生的个性发展、创新能力等多方面的表现。自我评价则能够弥补这一不足，通过多元化的评价标准，全面、客观地评估学生的综合素质。这种评价方式的转变，有助于促进学生的全面发展，培养其成为具有创新精神与实践能力的人才。

第四，明确学习目的。自我评价要求学生对自己的学习目标进行明确界定，并根据实际情况进行调整。这一过程有助于学生更加清晰地认识到自身的学习需求与期望，从而制订出更加合理、可行的学习计划。明确的学习目的能够为学生的学习提供方向指引，使其在学习过程中保持高度的专注与投入。

第五，减轻教师教学负担。自我评价法的实施，使教师能够将更多的精力投入教学设计与创新之中，而非仅仅关注学生的学业成绩。学生自主参与到评价过程，能够减轻教师的工作负担，提高教学效率。同时，教师也能够通过学生的自我评价反馈，更加深入地了解学生的学习需求与困惑，从而提供更加有针对性的教学支持。

第六，促进学生课后自我学习。自我评价法的实施，有助于培养学生的自主学习能力，使其能够在课后依然保持学习的动力与方向。通过定期的自我评价，学生能够及时发现自身在学习过程中的不足，并主动寻求解决方案。这种自我驱动的学习方式，对于提高学生的综合素质与终身学习能力具有重要意义。

为确保自我评价法的有效实施，需要采取一系列策略与建议。第一，应加强对学生自我评价能力的培养。这包括教授学生如何制定评价标准、如何进行客观分析、如何根据评价结果进行调整等方面的技能。通过系统的培训与实践，使学生能够熟练掌握自我评价的方法与技巧。第二，应建立多元化的评价体系。自我评价并非孤立存在，而是应与其他评价方式相结合，形成多元化的评价体系。例如，可以将教师评价、同伴评价与自我评价相结合，从多个角度全面、客观地评估学生的学习表现。这种多元化的评价体系能够为学生提供更加全面、准确的反馈，有助于其更好地认识自身在学习过程中的优势与不足。第三，应注重自我评价结果的反馈与应用。自我评价的结果不仅应作为学生学习进步的参考依据，还应作为教师调整教学策略、优化教学方法的重要依据。通过深入分析学生的自我评价结果，教师能够更加精准地把握学生的学习需求与困惑，从而提供更加有针对性的教学支持。第四，还应营造积极的学习氛围。学校与教师应共同努力，营造一个鼓励自我评价、尊重个性差异、倡导创新实践的学习氛围。在这种氛围中，学生能够更加自信地参与自我评价的过程，勇于表达自己的观点与想法，敢于尝试新的学习方法与策略。第五，应持续关注自我评价法的实施效果。通过定期的评估与反馈，及时了解自我评价法在实施过程中存在的问题与不足，并采取相应的措施加以改进。同时，还应积极借鉴国内外先进的自我评价经验与实践案例，不断完善自我评价法的理论体系与实践模式。

二、高中英语课堂教学评价创新——行为表现评价法

行为表现评价法作为一种在教育教学领域广泛应用且成效显著的评价手段，是教师依据学生在特定活动过程中的实际行为表现，对其展开全面且深入评价的一种方法。在英语教学评价体系中，行为表现评价法占据着举足轻重的地位，被视为一种不可或缺的重要评价手段。

（一）行为表现评价法的特点

行为表现评价法之所以在教育评价领域备受青睐，主要源自其自身所具备的一系列独特且显著的特点。

第一，该评价法要求学生将学习成效以具体、直观的形式展示出来。在英语教学情境中，学生可能会通过英语演讲、情景对话、角色扮演等多样化的活动，将所学的词汇、语法知识以及口语表达能力等学习成果充分展现。这种展示不仅为学生提供了一个自我检验的平台，让教师能够直观地看到学生对知识的掌握程度，同时为学生之间相互学习、相互借鉴创造了有利条件。

第二，行为表现评价法强调对演示过程的细节进行提前展示。在英语课堂的小组讨论活动中，教师会要求学生在讨论前明确讨论的主题、目标以及具体的步骤安排，并在讨论过程中对每个环节的细节进行清晰呈现。这种对细节的关注，有助于培养学生严谨的思维习惯和良好的学习习惯，使学生能够更加深入地理解知识，提高学习效率。

第三，行为表现评价法注重对演示过程的直接观察。在英语戏剧表演活动中，教师会直接观察学生在表演过程中的语音语调、肢体语言、情感表达等方面的表现。通过这种直接观察，教师能够获取最真实、最原始的学生学习信息，为后续的评价提供准确可靠的依据。

第四，行为表现评价法依据一定的标准对行为展开评价。在英语写作评价中，教师会根据词汇运用、语法准确性、内容完整性、逻辑连贯性等标准，对学生的英语作文进行全面评价。这种基于标准的评价方式，使评价结果更加客观、公正，有助于学生明确自身在学习过程中的优点和不足，从而有针对性地进行改进。

（二）行为表现评价法标准的制订

评价标准是行为表现评价法的核心要素之一，科学合理的评价标准对于确保评价结果的准确性和有效性至关重要。在制定行为表现评价法的标准时，

需要综合考虑多方面因素。

第一，要从学生的实际情况出发来制定标准，确保标准既不过高也不过低。对于英语基础较为薄弱的学生，在口语表达评价标准中，可以适当降低对词汇丰富度和语法准确性的要求，重点考查学生的表达流畅性和自信心；而对于英语基础较好的学生，则可以相应提高评价标准，鼓励学生在表达中运用更高级的词汇和更复杂的语法结构。

第二，目标要细化、具体，便于学生明确。在英语听力评价标准中，可以将目标细化为能够听懂不同语速、不同口音的英语材料，能够准确理解材料中的关键信息、细节信息以及隐含意义等。通过这种细化、具体的目标设定，学生能够清晰地了解自己在听力学习中的努力方向，提高学习的针对性和有效性。

第三，标准要具有诊断性的特征，便于学生明确自身的优缺点。在英语阅读评价标准中，除了对学生的阅读理解能力进行评价，还可以设置一些诊断性的指标，如词汇理解能力、句子分析能力、段落概括能力等。通过这些诊断性指标，学生能够准确找出自己在阅读学习中存在的问题，从而有针对性地进行强化训练。

第四，标准要具有连续性的特征。英语学习是一个长期的过程，学生的英语水平会随着学习的深入而不断提高。因此，行为表现评价法的标准也应该随着学生的学习阶段和英语水平的变化而进行相应调整，保持一定的连续性。在英语学习的初级阶段，评价标准可以侧重于对基础知识的掌握；而在高级阶段，则可以更加注重对学生综合语言运用能力和创新能力的培养。

（三）行为表现评价法的具体方法

在制定了科学合理的评价标准之后，教师就需要运用相应的方法对学生的学习行为进行评价。在行为表现评价法中，常用的方法主要包括观察法和量表法。

1. 观察

观察法是行为表现评价法中最主要、最直接的手段。教师依据教学目标，对学生的课堂表现进行全面、细致的观察，并在此基础上作出准确的判断和深入的分析。在英语课堂上，教师可以通过观察学生的课堂参与度、注意力集中程度、与教师和同学的互动情况等方面，了解学生的学习状态和学习效果。为了使观察结果更加准确、全面，教师有时会运用录音、录像等现代化技术手段，对教学过程进行记录，以便在课后进行深入分析与判断。在英语口语教学评价中，教师可以通过录像的方式记录学生的口语表达过程，然后在课后反复观看录像，从语音语调、词汇运用、语法准确性、表达流畅性等多个维度对学生的口语表达能力进行评价，并针对学生存在的问题提出具体的改进建议。

教师在进行观察时，需要注意以下方面：其一，观察学生是否向目标迈进。在英语词汇学习过程中，教师观察学生是否能够按照既定的词汇学习计划，逐步掌握目标词汇的拼写、发音、词义和用法。如果发现学生偏离了学习目标，教师需要及时进行引导和纠正。其二，观察学生是否获得预期发展。在英语写作教学中，教师观察学生的写作水平是否在经过一段时间的学习后得到了提高，是否能够运用所学的写作技巧和策略写出结构合理、内容丰富、语言准确的英语作文。其三，发现学生学习中的问题，并制订计划进行辅助。在英语听力教学中，教师通过观察发现部分学生在听力理解方面存在困难，如对连读、弱读等语音现象不熟悉，对长难句的理解能力较弱等。针对这些问题，教师可以制订专门的听力训练计划，通过有针对性地练习帮助学生提高听力水平。其四，观察学生是否体会到学习的乐趣。在英语课堂活动中，教师观察学生在参与活动时的表情、态度和积极性，判断学生是否对英语学习产生了兴趣，是否在活动中体验到了学习的乐趣。如果发现学生对英语学习缺乏兴趣，教师可以调整教学方法和活动形式，增加英语学习的趣味性和实用性，激发学生的学习兴趣。其五，观察学生是否重复运用一些学习技巧。在英语阅读教学中，教师观察学生是否能够熟练运用略读、扫读、精读等阅读技巧，提高阅读效率和理解能力。如果发现学生在阅读过程中没有运用有效的阅读技巧，教师可以及时进行示范和指导，帮助学生掌握正确的阅读方法。其六，观察标准是否与学生实际相符。在评价过程中，教师要不断反思评价标准是否合理，是否符合学生的实际情况。如果发现评价标准过高或过低，导致评价结果不能真实反映学生的学习水平，教师需要及时对评价标准进行调整。

2. 量表

评价量表是对观察过程进行记录和量化分析的重要工具，通常以表格的形式呈现。量表可以对教学的某一层面进行详细描述，或者对某一特定行为进行具体界定，通过使用评价量表，教师和学生能够更加清晰地了解自身的优缺点。

在英语口语评价中，可以设计一份包含语音语调、词汇运用、语法准确性、表达流畅性、内容完整性等多个维度的评价量表。每个维度可以设置不同的评价等级和相应的评分标准，如优秀、良好、合格、不合格等。教师在对学生的口语表达进行评价时，根据学生的实际表现，在评价量表的相应维度上进行打分，并给出具体的评价意见。学生可以通过查看评价量表，了解自己在口语表达方面的优点和不足，明确今后努力的方向。

评价量表的使用具有诸多优点。它能够使评价过程更加规范化、标准化，减少评价的主观性和随意性；能够为学生提供具体的反馈信息，帮助学生更好地认识自己，促进学生的自我反思和自我提高；能够为教师的教学决策提供科学依据，帮助教师调整教学策略，提高教学质量。

三、高中英语课堂教学评价创新——作品集评价法

从英语教学评价的类型来说，作品集评价法属于形成性评价，即教师对学生一段时间自主学习情况的评价。从英语教学评价的依据与目的来说，这一评价法比较可靠、真实。作品集评价法具有如下特点：第一，以明确的目标作为出发点。第二，对学生的学习情况加以反映。第三，体现学生的学习项目与代表作品等。第四，可以检测出学生是否在这一段时间有所进步。第五，便于师生进行反思。第六，具有灵活性与广泛性。

对于教师来说，作品集评价法有助于教师为学生更好地设定任务，从而激发学生的兴趣，创造出更好的氛围。对于学生来说，作品集评价法能够展现学生学习的进度与态度。要想实施作品集评价法，需要从如下十个步骤入手：

第一，确定作品集的内容。作品集的内容就是英语教学的内容，自然是英语教学目的的反映。在英语教学中，教学目的包含语言知识、语言技能和文化知识等层面，因此评价中使用的作品集，能够反映出学生为了实现这一目的，而不断增长的知识与技能以及任务完成的实际情况等。也就是说，作品集的内容取决于教师、学生、教学目的等多个因素。

第二，确定作品的形式。对学习过程、学习效果确定的方式有很多，除了进行标准化评价，还可以通过档案袋、学习日志等形式。这些形式可以是口头形式，也可以是书面形式。当然，不同的评价内容，其选择的方式也必然不同。

第三，确定评价的标准。传统的标准化测试的最大优点在于标准明确，容易进行评价，而其他评价手段主观性较强，很难做到可靠性。正是因为如此，随着近些年研究的深入，一些非标准化的测试手段诞生，这些测试手段主要是针对态度、能力等项目来说的。教师从学生的表现程度出发来评定，可以设定四个标准：优秀、很好、一般、差。

第四，确定时间计划。与传统英语评价方式不同，作品集评价法是从学期开始到结束，其包含很多内容与形式，因此在学期开始时，教师应该引导学生确定自身的学习计划。学生在与教师确定各个项目的形式、标准等的过程中，必然就是其中的参与者，他们不仅对自己的学习任务有清晰的把握，还因为之前参与了任务形式、标准等层面的确定，因此做起来会得心应手。

第五，学生按照计划完成学习任务。评价活动不仅可以出现在课内，还可以出现在课外。例如，出现在课内的评价活动有介绍、演讲等；出现在课外的评价活动有社会实践、调查研究等。但是，无论是课内的评价，还是课外的评价，都需要考虑具体的计划，按照计划逐一开展。

第六，教师对学生予以指导。虽然确定了评价形式、评价内容，但是教师也不能完全不管，完全让学生自己完成。由于每一项评价都涉及语言知识与技能，因此教师需要引导学生对每一项学习任务的目的有清楚的了解与把握，并且多次重申评价标准。在这样的引导下，学生才能把握高中英语自主学习的关键点，采用具体的方法，实现教学目标。

第七，教师与学生进行面谈。当学生在开展学习任务时，教师可以与学生进行面对面交谈，清楚地了解与把握学生的学习进度，并回答学生在学习过程中的一切问题。只有这样，才能符合当前教学中的一大重要原则——因材施教。当教师与学生面对面交谈时，学生可以随意说出自己的所想与所做，教师也需要将自己的亲身体验传达给学生。另外，通过交流，教师可以对学生的学习情况有清楚的了解，指出他们学习中的问题，从而为他们进一步的学习做铺垫。

第八，根据评价表，学生进行自评。当学期结束，学生完成了作品集之后，教师就需要将评价表给学生，让学生根据自己的情况来填写。通过评价，教师和学生都可以了解自身的学习情况，对比自己之前的学习情况，反思自己的学习过程，发现自己的不足，为以后的学习付出更多努力。

第九，交换作品集，学生间互评。当前的高中英语教学对于学生间的相互学习非常推崇。通过学习与阅读他人作品，学生对他人的学习情况有清楚的了解，也能够明确自身与他人的差距，从而取长补短。

第十，教师对作品集进行终评。事实上，在整个学期，教师都在对学生的学习情况进行评价，因为每一次学习活动、每一部作品，教师都需要进行审阅。当学期结束之后，教师还需要对学生之前的情况展开综合评价，当然综合评价是在参照同学评价、自评的基础上开展的。

参考文献

[1] 曾育梅 . 互动探究式教学方法在高中英语教学中的应用 [J]. 高考，2024（20）：70.

[2] 程欣欣 . 数字技术赋能高中英语课堂教学的实践 [J]. 教学月刊（中学版），2024（36）：14.

[3] 邓海龙 ."产出导向法"与"任务型教学法"比较：理念、假设与流程 [J]. 外语教学，2018，39（3）：55-59.

[4] 高琦悦，刘鹂 . 基于英语学科的高中生文化理解力的内涵、价值与培养策略 [J]. 课程・教材・教法，2023，43（10）：105-110.

[5] 黄少华 . 新时代高中英语教学的研究与探索 [M]. 长春：吉林人民出版社，2020.

[6] 孔晶 . 英语课堂教学与管理有效性研究 [J]. 现代企业教育，2014（24）：152.

[7] 李敏 . 高中英语课堂教学形成性评价研究 [D]. 济南：山东师范大学，2017：4-17.

[8] 李润怡，张虹 . 我国高中英语教材生态素养呈现研究 [J]. 外语学刊，2025（1）：57-63.

[9] 李秀英，崔克榜，王丹 . 高中英语课堂教学探索与创新 [M]. 长春：吉林人民出版社，2021.

[10] 刘飞 . 高中英语教学中融入中国元素培养学生文化自信的策略 [J]. 中小学英语教学与研究，2024（5）：77-80，封 3.

[11] 刘霞霞 . 浅谈高中英语教学中学生人文素养的培养 [J]. 陕西教育（教学版），2020（10）：66.

[12] 罗少茜，杨爱研 . 高中生英语学习困难的表现、原因与对策 [J]. 课程・教材・教法，2024，44（2）：125-131.

[13] 罗永华，阳程．核心素养导向下的高中英语深度教学评价指标体系的建构 [J]. 课程·教材·教法，2024，44（3）：126-133.

[14] 吕淑红，国红延．基于单元体验学习循环的高中英语语块教学研究 [J]. 天津师范大学学报（基础教育版），2025，26（2）：34-38.

[15] 蒲伯佐．核心素养下的高中英语教学方法 [J]. 读写算，2023（11）：119.

[16] 孙会．基于大单元视角的高中英语教学方法研究 [J]. 中学生英语，2024（20）：41.

[17] 覃桂芬．积极心理学视野下的高中英语教学方法探析 [J]. 中学生英语，2023（20）：77-78.

[18] 唐书哲，徐剑．提升高中生用英语讲好中国故事能力的教学策略研究 [J]. 天津师范大学学报（基础教育版），2025，26（1）：61-66.

[19] 王华，杨良雄．指向结构化知识建构的高中英语阅读教学 [J]. 中小学英语教学与研究，2024（5）：60-64.

[20] 王勤．关于新课程高中英语教学目标的叙写 [J]. 教学月刊：中学版（教学参考），2007（10）：2.

[21] 王婷婷，赵华秀．高中英语教学模式与评价 [M]. 北京：团结出版社，2019.

[22] 魏丽．合作学习在高中英语课程中的实施分析 [J]. 福建茶叶，2019，41（12）：126.

[23] 夏春来．高中英语应用文“一文三写”模式的实践探索 [J]. 中小学英语教学与研究，2024（4）：54-57，76.

[24] 邢文骏．教学目标课堂活动学生学习：高中英语课堂教学评价要关注的三个维度 [J]. 教学月刊·中学版（教学参考），2015（12）：48.

[25] 杨得鑫．探究课程改革背景下的高中英语教学方法与策略 [J]. 教育，2024（6）：97.

[26] 杨云，史惠中．基于主题意义探究的高中英语读写活动设计 [J]. 教学与管理（中学版），2020（4）：42.

[27] 张建伟．高中英语阅读教学中培养学生文化意识的策略 [J]. 中小学英语教学与研究，2024（1）：77-80.

[28] 张馨元，李宝荣，徐国辉．高中英语口语教学中培养审辨思维能力的探索 [J]. 中小学英语教学与研究，2024（8）：57-61.

[29] 张燕 . 指向高阶思维培养的高中英语语篇教学创新研究 [J]. 华夏教师，2025（1）：108–110.

[30] 赵恕敏，左翠菊 . 深度学习视角下高中英语单元作业设计 [J]. 天津师范大学学报（基础教育版），2024，25（2）：18–22.

[31] 钟晨 . 高中英语教学中个性化学习策略的制订与实施 [J]. 高考，2025（9）：61.

[32] 朱志文 . 高中英语课堂教学的基本课型与设计 [M]. 长春：吉林大学出版社，2020.

[29] [illegible]中英[illegible]教学[illegible]研究[J].
[illegible]
[30] [illegible]中[illegible]设计[J].
[illegible], 25 (2): 18-22.
[31] [illegible]策略[illegible][J].
[illegible]
[32] [illegible]理论与设计[M]. [illegible]
[illegible]